실행중심 조직을 위한
전략수립 W모델

박진호·김경민 공저

머리말

실행중심 조직을 위한 전략을 말하다

전략 수립 W모델은 실행중심 조직에게 최적화된 전략 수립 방법론이다. 이동타겟을 명중하는 이동조직을 위한 모델이다. 우리는 IMF 이후 우리 나라의 언더백 기업들을 대상으로 경영계획과 전략 수립을 위한 컨설팅을 해 왔다. 전통적인 전략 수립 모델이나 마케팅 프로세스, 그리고 김위찬 교수의 블루오션 전략 모델이 이르기까지 다양한 모델을 활용하여 기업들에 사례와 양식을 보급해 왔다. 많은 언더백 기업들이 전략을 수립하고 실행하는데 도움을 주어 왔다. 그 중에는 백 배 이상의 성장을 하고, 성공적으로 시장 지배력을 강화한 기업들도 있다. 반대로 여전히 어렵게 비즈니스를 영위하는 소기업들도 있다.

그동안 우리가 보급하던 전략 수립 모델은 여러 번의 수정과 개선에도 불구하고 몇 가지의 단점이 있었다. 가장 먼저는 기획실을 별도로 가지고 있는 규모가 있는 기업에 최적화된 방법론이었다는 점이다. 고객과 시장을 분석하고 경쟁자를 분석한다는 것은 마케팅과 기획적인 개념들이 동원되는 활동이다. 기획실을 별도로 두고 있지 않은 기업들이 쉽게 접근하기 어려웠으며 분석한다 하더라도 피상적인 접근에 머무를 수 밖에 없었다.

MBO방식은 지나치게 계획을 평가 중심적이게 만들었다. MBO는 과거 인사고과 방식과 비교했을 때 목표 중심적인 조직으로 이동시키는데 탁월했지만 구성원들을 지나치게 KPI에 민감하게 만들었고, 평가와 보상 중심적인 조직 문화가 되게 했다. 게다가 통상 1년을 기준으로 하는 지표를 설정함으로써 언더백 조직의 유연성에 치명적인 상처를 주었다.

언더백 조직은 시장과 고객의 변화에 따라 매우 변화의 폭이 큰 시기를 겪는 단계이다. 매 년 5%~10% 성장과 시뮬레이션이 아니라 30% 이상 성장하든지 아니면 절반으로 매출이 꺾이기도 하는 시기이다. 따라서 경영자와 구성원들의 과업의 변동성이 매우 클 수 밖에 없다. 일사분기 때 너무 중요했던 어떤 일이 이사분기에 와서는 전혀 우선순위가 아닌 경우도 많고, 갑자기 고객이 요청한 대형 수주 때문에 모든 우선순위가 송두리 째 뒤바뀌기도 한다. 그런 점에서 과거 전략 수립 모델들은 계획을 세울 때는 그럴 듯 하지만 2~3개월만 지나면 모두에게서 잊혀지는 계획이 되곤 했다. 사장실의 책상 뒷편에 그럴듯한 액자로 걸려 있을 뿐이다.

이런 몇 가지 이유들 때문에 우리는 언더백 조직을 위한 전략 수립 모델을 수년간 고민해 왔다. W모델은 이런 고민들을 담아 단순하지만 매우 강력한 방법으로 언더백들이 실행 중심의 전략을 수립할 수 있도록 했다.

 가장 먼저는 전략 수립 절차를 대폭 단순화했다. 또한 누구나 쉽게 작성할 수 있도록 쉬운 용어를 사용하고 조직의 방향성을 이해하고 있는 누구나, 신입사원이라도 작성할 수 있는 용어와 양식을 제공한다. 예컨대 고객을 분석하는 것이 아니라 그냥 현장에서 만난 고객의 생소리를 있는 그대로 적는 방식이다. 경쟁자나 자사의 역량을 분석하는 것도 그냥 몇 가지의 원칙을 가지고 있는 그대로의 관찰을 공유하고 나누는 방식이다. 물론 그 과정을 통해서 강화하거나 변화해야 할 것을 발견하는 것이다.

 W모델에서 어쩌면 가장 큰 특징은 3개월 단위의 OKR 기반의 목표 관리로 유연화 했다는 점이다. 전략을 수립할 때는 통상 1년 혹은 18개월의 단위 기간을 두고 비전을 설정하거나 계획을 수립하는 것이 보통이나 W모델에서는 목표는 1년 혹은 그 이상을 잡되 실행 전략은 그냥 3개월 단위를 기본으로 하는 OKR 방식을 도입한 것이다. 이로써 3개월 단위로 전략을 피드백 하고 새로운 3개월의 OKR을 재설정하는 것이다. 이 반복을 통해서 기업은 실행과 전략 수립을 상시화 할 수 있게 될 것이다.

 마지막으로 실행 캘린더를 추가해서 실행력에 집중했다는 점이다. 계획만 세우고 실행하지 않는 전략이 얼마나 많았던가! 심지어 실리콘밸리에서 조차 전략 실행율이 30% 대라고 하니 수립한 전략을 충분히 실행하는 것만으로도 경쟁력을 얻게 될 것이다. 아무리 멋진 계획을 세웠다 하더라도 시간 속에 계획이 들어

가지 않으면 실행될 수 없다.

W모델의 5단계에서 마지막 단계인 실행 캘린더를 통해서 전략이 실행되는 일정을 캘린더에 넣고 점검하는 방식은 언더백들이 전략을 잊지 않고 실행하는 데 도움이 될 것이다. 게다가 구성원들에게 전략에 대한 구체성과 일정을 사전적으로 예고하는 효과도 나타날 것이다.

전략수립 W모델은 실행 중심 조직을 위한 것이다. 특히 언더백들을 위한 전략 수립 방법론이자 실행 방법이다. 우리는 이 모델을 통해서 각 산업 카테고리에서 실행력 있고 강한 기업들이 다양하게 등장하기 원한다. 그들은 새로운 시장을 창출하고 고객들로부터 사랑받는 기업으로 성장하게 될 것이다.

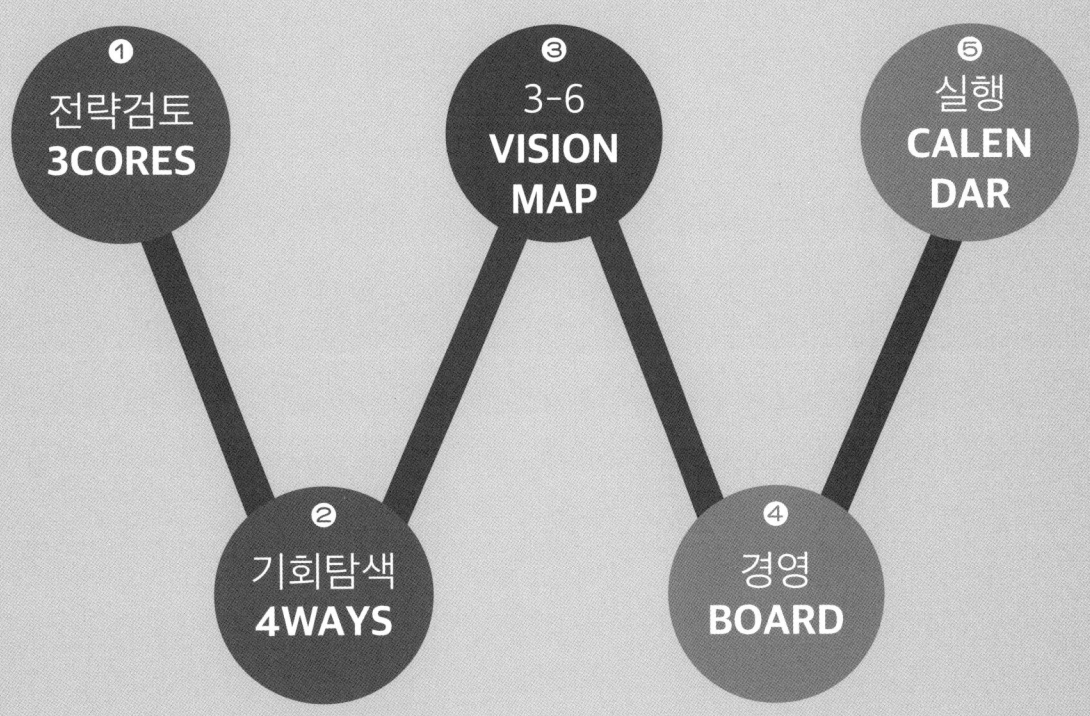

전략수립 W모델 안내

나는 현장에서 경영자를 만날 때면 "경영계획 수립을 어떻게 하세요?"라고 종종 묻는다. 그럴 때면 경영자는 "저희는 경영계획 수립 못합니다. 고객사의 요청에 따라 수행하는게 저희 회사 일이거든요"라고 말한다. 또 어느 경영자는 "저희는 올해를 근거로 내년도에 대해 예측 잘 해 놓았습니다."라고 말하기도 한다. 이런 반응은 대게 경영자가 어느 정도 규모의 조직은 되어야 경영계획 수립이 필요하다고 생각하거나, 내년도 예산을 수립하는 것을 경영계획이라고 생각하기 때문이다.

언더백 기업의 많은 현장을 보면 작년의 결과와 비슷한 결과를 올해 거두고, 올해와 비슷한 결과를 내년에 거두는 것만으로 만족하는 경우가 꽤 많다. 요즘 같은 시기에 그 정도의 결과를 얻는 것도 의미가 있다. 하지만 제대로 전략을 수립하지 않으면 목표를 수립하기 어렵다. 결국은 하던 대로 일을 반복하다 비슷한 결과만 얻게 된다. 그렇다고 언더백 기업이 막상 전략을 수립하려고 하면 어려움을 겪는 것 또한 현실이다. 많은 경우 전략 수립의 절차나 도구가 대기업 중심으로 되어 있기 때문이다. 이제는 W모델이 그 어려움을 해소시켜 줄 것이다. 구성원들과 함께 보다 쉽게 경영계획을 수립해 가길 바란다.

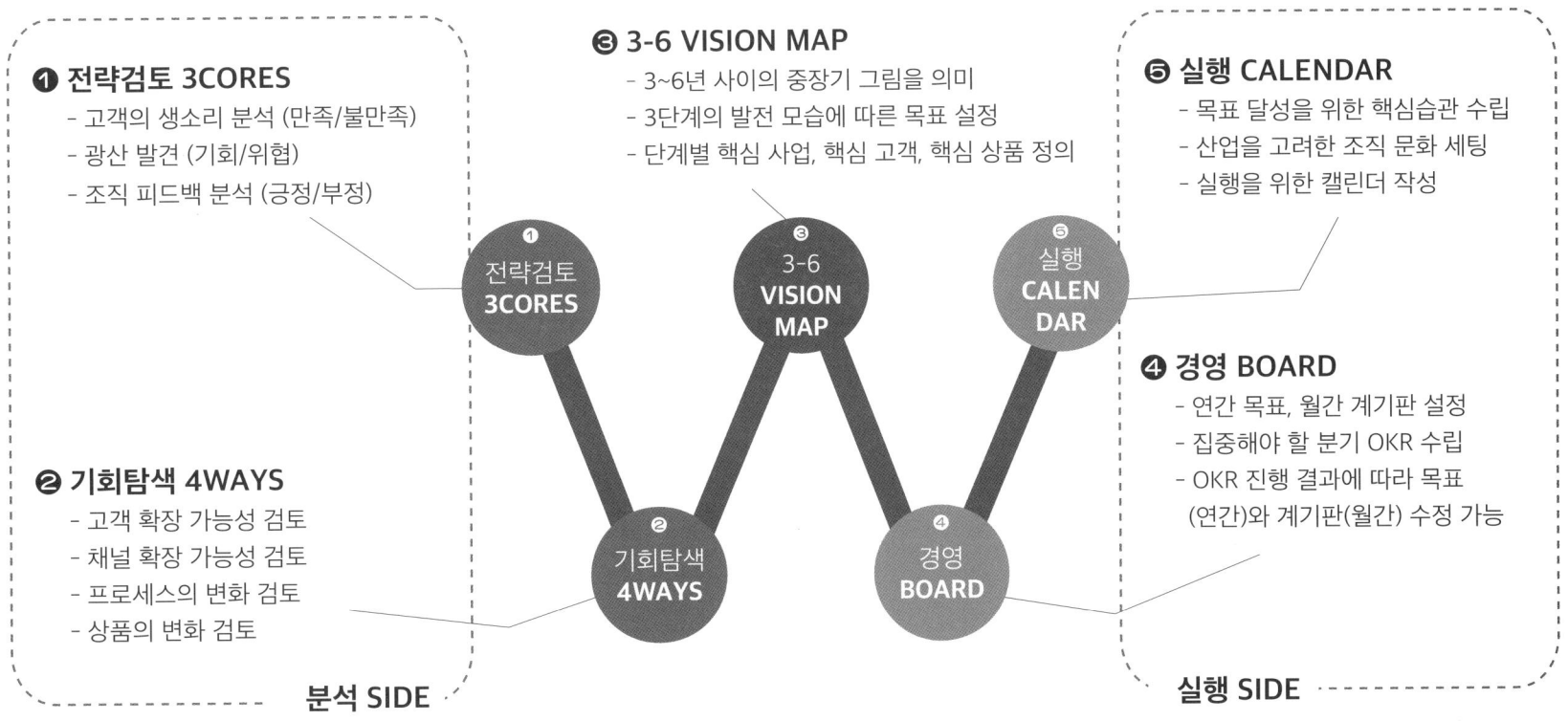

W모델은 5단계로 구성되어 있다. 3-6 VISION MAP은 3년에서 6년 사이의 비전을 수립하는 것인데 경영전략 수립의 중심축이다. 이 중심축을 중심으로 왼쪽 **전략검토 3CORES**와 **기회탐색 4WAYS**는 전략 수립을 위한 분석 단계, 오른쪽 **경영 BOARD**와 **실행 CALENDAR**는 전략을 수립한 결과물로서 실행을 위한 단계를 말한다.

첫 번째 **전략검토 3CORES** 단계이다. 전략에 대해서 '고객의 생소리, 광산 발견, 조직 피드백' 세가지를 핵심적으로 검토하는 것이다. 두 번째 **기회탐색 4WAYS**

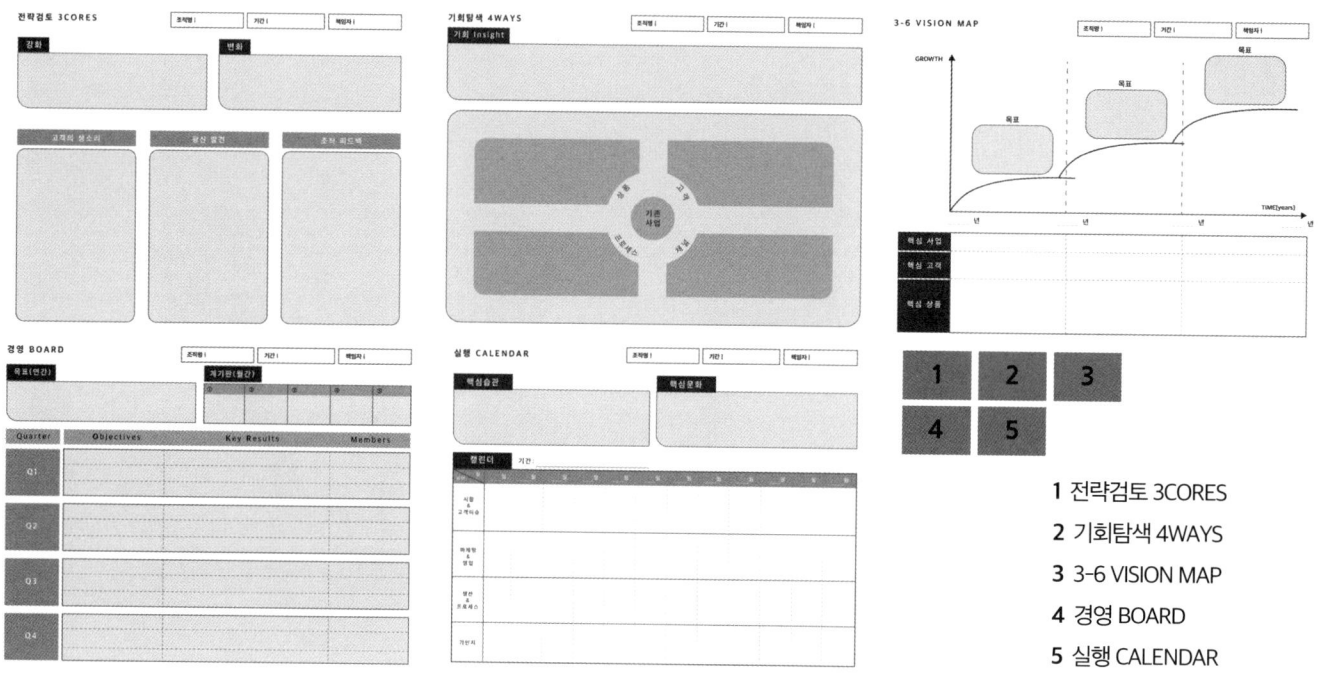

1 전략검토 3CORES
2 기회탐색 4WAYS
3 3-6 VISION MAP
4 경영 BOARD
5 실행 CALENDAR

단계이다. 전략검토에서 세가지를 면밀히 검토했다면, 기회탐색에 있어서 고객, 채널, 프로세스, 상품 이렇게 네 가지 길 별로 우리 비즈니스에 어떤 기회가 있는지를 탐색해보는 것이다. 2단계까지를 통해 우리는 우리 조직의 문제와 기회 요소들을 파악할 수 있다. 세 번째 **3-6 VISION MAP** 단계이다. 3년에서 6년 사이에 우리 회사가 가야 할 방향, 중장기 그림을 구성과 함께 그때의 우리 핵심 사업, 핵심 고객, 핵심 상품에 대해 고민하고 그려보는 것이다. 네 번째 **경영 BOARD** 단계이다. 연간 목표와 월간 계기판을 만들고 일사분기 때 집중해야 할 OKR(목표와 핵심 결과)에 대한 계획을 세우는 것이다. 다섯 번째 **실행 CALENDAR** 단계이다. 목표달성을 위한 핵심습관, 핵심문화를 세운다. 1년간의 경영 캘린더를 시장과 고객이슈, 마케팅과 영업, 생산과 프로세스, 가인지 영역별로 작성해 보는 것이다.

contents

머리말

전략수립 W모델 안내

1부_
시장과 고객의 변화를 주시하며 사업의 기회를 탐색하라

01. 전략검토 3CORES 16p

02. 기회탐색 4WAYS 28p

2부_
가슴 뛰는 비전과 구체적인 목표를 통해 실행에 집중하라

03. 3-6 VISION MAP	42p
04. 경영 BOARD	52p
05. 실행 CALENDAR	64p

맺음말

[부록1] 경영 전략 수립의 기초가 되는 방향 제시 도구 : VISION HOUSE CARD	78p
[부록2] 현장에서 전략 실행 과정을 돕는 실행 도구 : OKR CARD	90p
[부록3] 실행 결과의 공유와 확산을 돕는 성과 도구 : 지식나눔 카드	96p

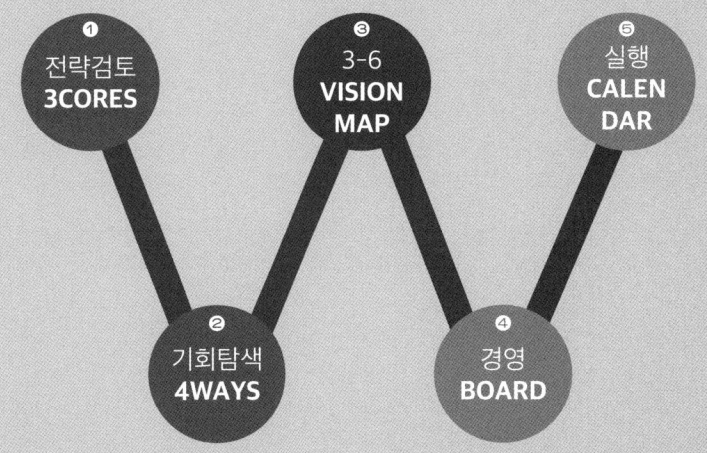

1부

시장과 고객의 변화를 주시하며
사업의 기회를 탐색하라

01 _ 전략검토 3CORES

사업을 대상으로 하고 있는
소비자들에 대한 확실한 이해 없이는
어떤 사업도 성공할 수 없다. 마이클 E. 거버

바퀴가 굴러야 핸들을 꺾을 수 있다

어떤 사람들은 모든 것이 불확실해 졌으니 전략도 무의미하다고 말한다. 우리는 그 주장에 문제가 있음을 안다. 전략을 수립하는 것은 그대로 무조건 실행하기 위함이 아니다. 오히려 목표를 위한 발걸음을 떼고 걷는 과정에서 수정하기 위해서 전략을 수립한다고 보는 것이 맞다.

커다란 트럭의 방향을 전환하기 위해서는 핸들을 꺾는 것이 먼저가 아니라 엑셀을 밟아 바퀴가 앞으로 움직이는 것이 먼저다. 바퀴가 움직일 때 비로소 운전자는 방향성을 판단할 수 있고, 핸들을 꺾어 원하는 방향으로 옮겨 놓을 수 있다. 전략을 수립한다는 것은 트럭의 바퀴를 굴리는 것과 같다. 실행이 있어야 조정이 가능하다. 그래서 미국 최초의 흑인 국무장관을 지낸 콜린 파월은 '어떤 전략도 적을 만나면 무력화된다. 바로 이것이 전략을 세워야 하는 이유이다.'라고 말했다. 전략은 실행의 첫걸음을 담보하고 무엇을 바꾸고 무엇을 유지해야 할지 가설을 검증하는 기준이다.

최근에 품질을 자존심으로 여기던 IT 개발자들도 이른바 애자일 방식을 도입하고 최소기능제품(Minimum Viable Product, MVP)을 출시하며 지속

린 스타트업 프로세스에서는 고객 개발(Customer Development)을 사용하여, 실제 고객과 접촉하는 빈도를 높여서 낭비를 줄인다. 이를 통해 시장에 대한 잘못된 가정을 최대한 빨리 검증하고 회피할 수 있다.

이 때 고객의 피드백을 받아 최소한의 기능(features)을 구현한 제품을 최소 기능 제품(Minimum Viable Product, MVP)이라 한다.

01 _ 전략검토 3CORES

전략은 실행 중심이어야 한다. 바른 전략은 실패한 전략으로부터 나온다.

적으로 제품의 성능을 개선하는 무한 베타 버전으로 소비자와 소통하기 시작했다. 물론 시장과 고객의 반응을 통해서 그 정확성을 올려 간다.

전략 수립도 마찬가지이다. 전략은 기본적으로 아이디어다. 문제는 이 아이디어가 시장에서 어떤 반응을 얻을지 확인하기가 어렵다는 것이다. 과거에는 고정된 시장에서 시제품이나 전문가 평가, 혹은 고객 테스트를 통해서 검증해 왔으나 이제는 그것들이 무의미해졌다. 아주 빠르게 전파되고 정보가 공유되기 때문이다. 기업이 검토를 거치는 동안 이미 그 다음 버전의 제품이 시장에 보급되고 그 다음 기술이 소비자로부터 대중화된다. 미국 시장을 기준으로 라디오가 전 인구의 25%, 약 5,000만 명에게 보급되기까지 38년이 걸렸지만 포켓몬고는 불과 19일 만에 전파되었다. 새로운 기술과 콘텐츠가 시장에 빠르게 확산하고 소비자로부터 평가를 받는다. 우리가 세운 전략이 적절한지 테스트하다가는 다른 경쟁자와 다른 산업으로부터 밀릴 수 밖에 없는 현실이다. 전략은 실행 중심이어야 한다. 바른 전략은 실패한 전략으로부터 나온다.

100인 이하로 움직이는 언더백은 더욱 달라야 한다. 보다 더 시장에 기민해야 한다. 어느 채널, 어느 상품이 대박이 날지 모른다. 다양하게 시도하고 잘 되는 것에 집중해야 한다. 직무 중심의 조직 구성을 과감하게 내려 놓고 사람 중심의 프로젝트 조직이 되어야 한다. 시장의 요구에 따라 생산부의 담당자와 영업부의 담당자가 한 책상을 사용할 수 있어야 한다.

01 _ 전략검토 3CORES

디자이너가 영업팀장에게 파견되어 함께 일 할 수 있어야 한다. 또한 인사팀과 판매현장의 직원이 한 프로젝트 구성원이 되어 현장 직원의 문제를 해결할 수 있는 조직이 되어야 한다. 그래야 문제를 해결할 수 있다. 부서간의 경계를 명확하게 하고 직무기술서를 작성하며, 과업 표준을 작성하는 것으로는 변화에 민감할 수 없다. 요즘은 공무원들도 그렇게 하는 것에서 탈피하라고 요구 받는다. 문제 해결 중심의 조직이 되어야 한다. 기회를 탐색하고 내 것으로 만드는 조직이 되어야 한다. 이것이 바로 언더백의 강점이다. 가인지경영에서는 이것을 **프로젝트형 조직**이라고 불렀고, IT 개발자를 중심으로는 **애자일 방식**이라고 선언했으며, 구글에서는 **OKR**로 관리한 것이다.

01 _ 전략검토 3CORES

전략검토 3CORES 작성 안내

전략수립 W모델의 첫 번째 도구는 **전략검토 3CORES**이다. 먼저, '전략'하면 어렵게 들릴 수 있으나 경영계획 수립 단계에 있어서 전략은 아이디어라고 생각하는 것이 가장 쉽다. 아이디어는 무엇을 말하는가? 목표를 달성하기 위한 아이디어를 말한다. 좋은 전략은 전략을 봤을 때 "이런 아이디어를 사용하면 그 목표가 달성될 수 있겠군! 이 방법이 좋겠네!"라고 생각되는 전략이다. 반대로 내가 세운 전략을 실천했을 때, 목표한 바를 이룰 수 없을 것 같다는 생각이 든다면, 아직 전략이 뾰족하지 못한 것이니 좀 더 깊이 생각해 보아야 한다. 전략에는 여러가지 개념이 있지만 W모델에서 사용하는 전략의 개념은 '목표 달성을 가능하게 하는 아이디어'라고 하겠다.

전략검토 3CORES는 우리 조직이 한 해 동안 전략을 실행하고 목표 달성을 위해 열심히 달려오면서 돌아보아야 할 것들이 많이 있겠지만 그 중에서도 핵심적인 세 가지를 돌아보는 것이다. 일찍이 우리 경영의 선배들은 전략을 검토할 때 꼭 봐야할 세 가지를 3C라는 이름으로 정리해 놓았다. **고객(Customer), 경쟁자(Competitor), 자사(Company)** 이다. 우리는 이 세가지를 좀 더 확장해서 살펴보도록 하자.

첫째 **'고객의 생소리'** 다. 고객의 생소리는 생소리라 쓰고, 쌩소리라고 읽는다. 지난 한 해 혹은 최근에 고객들이 우리 상품과 서비스를 경험하면서 우리에게 해주었던 이야기들은 무엇인가? 우리 고객의 반응은 어떠했는가? 온라인 혹은 디지털 비즈니스를 하고 있다면 누적 데이터를 통해서 얻은 인사이트는

01 _ 전략검토 3CORES

무엇인가? 고객의 생소리에 귀를 기울여야 한다. 고객이 만족하고 있는 요소는 무엇이고 불만족하고 있는 요소는 무엇인지 살펴보아야 한다. 여기에 고객가치 혁신의 기회가 있기 때문이다. 고객의 생소리에 우리가 해결해야 할 과제가 숨겨져 있다. 영업부 현장, 디자인 현장, 각 현장에서 고객과 전화하고 소통하고, 온라인상에 달린 댓글, SNS를 통해 획득한 고객의 이야기들이 어떠했는지를 직원들과 함께 수집해야 한다. 사실 이것은 연말 전략 수립할 때만 수집하는 것이 아니라 연중에도 계속해서 고객의 이야기를 수집할 수 있는 게시판이 사내에 있는 것이 바람직하다. 대기업은 CRM을 통해서 이미 그렇게 운영을 하고 있다. 작은 기업들은 이런 시스템이 없기 때문에 다음이나 네이버 카페를 만들어 활용하면 좋다. 그렇지만 지금까지 고객의 이야기를 따로 수집하지 않았다 하더라도 **전략검토 3CORES** 양식을 직원들에게 나눠주고 같이 고민해 볼 수 있다. 최근에 고객이 나에게 해주었던 긍정적 피드백은 무엇인가? 이런 부분은 강화해야 할 부분이 된다. 한편 고객이 나에게 해주었던 교정적 피드백은 무엇인가? 이런 부분은 바꾸거나 제거해야 할 것들로 변화가 필요한 부분이다. 그러므로 전략을 검토할 때의 첫 번째는 고객의 생소리를 확보하는 것이다.

둘째 **'광산 발견'**이다. 광산을 발견한다는 의미는 은유적인 의미를 가지고 있다. 만약 내가 금을 캐고 싶으면 싶으면 먼저 광산에 가야한다. 그리고 금이 있는 광맥이 있는 곳을 찾아야한다. 광맥을 찾았다면 실제로 금을 채굴할 것이다. 이와 같이 우리 시장

고객이 만족하고 있는 요소는 무엇이고 불만족하고 있는 요소는 무엇인지 살펴보아야 한다. 여기에 고객가치 혁신의 기회가 있기 때문이다.

01 _ 전략검토 3CORES

과 고객 혹은 경쟁자가 있는 상황에서 우리가 어떤 금을 채굴할 수 있을지 보는 것이다. 여기서는 세 가지를 반드시 봐야한다. 첫 번째는 산업의 경계와 상관없이 고객들이 최근에 좋아하기 시작한 것이 무엇인지를 봐야한다. 사람들의 라이프 스타일이 바뀌면서 사람들이 어떤 것들을 좋아하기 시작했는지를 보는 것이다. 가망고객, 잠재고객, 산업의 경계를 깨트려서 사람들의 라이프 스타일 자체가 어떻게 바뀌어 가는지를 유념해서 볼 필요가 있다. 대한민국 사람들은 최근에 무엇에 열광하고 있는가? 또 어떠한 것들을 싫어하고 있는가? 혹은 인구 통계학적으로는 대한민국에 어떤 트랜드가 늘어나고 있고 어떤 트랜드는 줄어들고 있는가? 살펴보아야 한다. 두 번째는 산업내에서 선두기업들이 어떻게 움직이고 있는지를 봐야한다. 우리 회사가 산업에서 후발주자라면 선두기업이 올해 어떻게 움직였는지, 해외로 진출을 많이 했는지, 신제품을 많이 출시했는지, 혹은 인구 통계학적으로는 대한민국에 어떤 트랜드가 늘어나고 있고 어떤 트랜드는 줄어들고 있는가? 살펴보아야 한다. 두 번째는 산업내에서 선두기업들이 어떻게 움직이고 있는지를 봐야한다. 우리 회사가 산업에서 후발주자라면 선두기업이 올해 어떻게 움직였는지, 해외로 진출을 많이 했는지, 신제품을 많이 출시했는지, 기존 제품에 대해 품질을 강화하는 쪽으로 많이 움직였는지, 생산제에 대해서 투자를 했는지 아니면 투자를 축소했는지, 여러가지 측면에서 선두기업들의 움직임이 어떠한지를 살펴보아야 한다. 더불어 경영전략 최고 권위자인 마이클 포터 교수가 산업구조분석

(5 forces model)에서 이야기했던 것처럼 산업내의 경쟁만 보는 것이 아니라, 산업의 경계 밖에 있는 그룹을 볼 수도 있다. 예를 들어 영화산업이라면 연극이나 스포츠 관람 시장이 어떻게 변화했는지를 함께 봐야 할 것이다. 핸드폰 시장이라면 핸드폰 경쟁자만 보는 것이 아니라 홈시어터 시장은 어떻게 움직였는지 혹은 게임 시장이 어떻게 움직였는지를 함께 봐야 핸드폰의 방향성을 더 잘 볼 수 있다. 이런 것들을 유사산업군이라고 표현하는데 인접한 산업군을 말한다. 세 번째는 우리 산업내에 새롭게 진입한 신생기업(Startup)을 보는 것이다. 작은 매출이지만 사람들이 열광하는 작은 산업이 존재할 수 있다. 이들은 기존 게임의 룰, 기존 경쟁자들이 하지 않는 방식으로 사업을 하기 때문에 우리에게 위협의 요소가 될 수 있으면서 동시에 기회를 발견할 수 있는 요소가 된다. 정리하면 산업과 상관없이 고객들이 어떻게 움직였는지, 산업내 선두주자들 혹은 유사산업내 선두주자들이 어떻게 움직였는지, 우리 산업에서 작지만 충격을 주고있는 신규 진입자들이 어떻게 움직였는지를 보는 것이 광산이다. 이 곳에 기회의 요소, 새로운 통찰이 있다.

셋째 '**조직 피드백**'이다. 우리 회사를 돌아보는 것이다. 조직에는 반복해서 실패하는 제목이 있다. 작년에 나왔던 제목이 올해 연말이 되니 또 나오는 제목들이 있다. 이런 제목들을 BB(변비)리스트, JJ(짜증)리스트라고 부른다. 디자인 혁신, 신제품 출시, 챔피언 상품 만들기, 원가혁신, 납기 1/2 달성하기 등의 이런 제목들은 아마 올해 연말에 또 나올 것이다. 왜 바뀌지 않는 것일까? 그것은 일하는 방식이 바뀌지 않

01 _ 전략검토 3CORES

> **조직**의 일하는 방식에 대한 피드백이 없이 내년 연말에 동일한 제목이 또 나오지 말라는 법이 없다.

아서 그렇다. 새로운 아이디어가 들어가지 않았기 때문이다. 조직의 일하는 방식에 대한 피드백이 없이 내년 연말에 동일한 제목이 또 나오지 말라는 법이 없다. 그래서 마지막으로 점검해야 하는 것이 우리 회사의 내부에 일하는 방식이 바뀐 목표에 맞게 변화가 되었는가를 보는 것이다. 핵심습관에 변화가 있었는가, 피드백 방식이 달라졌는가, 조직 구성이 달라졌는가, 리더가 어떻게 바뀌었는가, 그 일을 해결할 해결사가 있는가 등 여러가지 관점에서 조직 피드백이 필요하다.

전략검토 3CORES는 경영자 혼자 할 것이 아니라 팀장, 본부장, 각 현장에 있는 팀원들이 함께 고민해야 한다. 함께 사전 조사한 내용을 토대로 진지한 토론을 하면서 향후 방향성을 검토하라.

숨결만두식품의 전략검토 3CORES 샘플을 보자.

고객의 생소리에서는 "다른 만두와 달리 식후 불쾌감이 없어요", "선물세트 패킹 디자인이 마음에 들어요", "맛이 다양해 골라 먹는 재미가 있어요" 등의 만족 요소가 있는 반면 "콜센터 담당자가 자주 바뀌어서 같은 말을 몇 번 해야 해요", "모바일 주문이 불편한데 개선해주세요"와 같은 불만족 요소도 있음을 볼 수 있다.

그 다음 광산 발견 부분을 보자. 소인가구 증가로 인한 1인 전용 상품이나 서비스의 소비가 증가하고 있다는 시장의 변화는 기존에 대형 마트에 대 용량 포장 단위로 판매를 해왔던 숨결만두식품에게는 새로운 기회의 요소로 작용할 수 있다. 또한 산업내 선두주자인 비비고가 프리미엄 만두 시장을 확대하고

01 _ 전략검토 3CORES

전략검토 3CORES 샘플

전략검토 3CORES

| 조직명 | 숨결만두식품 | 기간 | 2019.11.15 | 책임자 | 최고수 본부장 |

강화
- 소인 가구를 겨냥하여 다양한 맛과 가격을 잡은 가성비 좋은 신제품 개발을 지속.
- 신선한 국산재료들의 활용을 통해 건강한 만두의 이미지를 강화.
- 기존 온라인 몰에서의 주문 결제시스템이 보다 쉽도록 개선.

변화
- 현재는 중저가 제품이 대부분인데, 프리미엄 만두의 라인업 필요.
- 별도의 온라인 비즈니스 센터를 설립 및 마케팅 본부장급 인재 영입 필요.

고객의 생소리

■ 만족
- 만두 맛이 변하지 않아서 좋아요.
- 다른 만두와 달리 식후 불쾌감이 없어요.
- 선물세트 패킹 디자인이 마음에 들어요.
- 만두피의 쫄깃함이 최고예요.
- 맛이 다양해 골라 먹는 재미가 있어요.

■ 불만족
- 만두 속은 씹히는 느낌이 없어 너무 밋밋한 것 같아요.
- 콜센터 담당자가 자주 바뀌어서 같은 말을 몇 번 해야 해요.
- 모바일 주문이 불편한데 개선해주세요.

광산 발견

■ 기회
- 소인가구 증가로 고객들이 1인 전용 상품과 서비스를 선호하고 있음. (미스터피자 1인세트, 싸움의 고수 1인 족발세트, 이마트 미니채소, CGV 1인 좌석, 배달의민족, 쿠팡이츠 등의 배달 서비스 사용 증가.)
- 업계 1위인 비비고는 프리미엄 만두 시장을 확대하고 있음. 왕교자에 이어 수제형 고급만두 상품인 '한섬 만두'를 통해 좋은 성과를 내고 있음.

■ 위협
새롭게 진출한 신생기업인 '수원 왕만두'가 소비자 사이에서 독특한 만두피와 푸짐한 속재료로 인기. 만두피 반죽에 버터를 사용하여 반죽을 부드럽게 하는 특징, 고기 왕만두에는 우유와 부추를 갈아서 부추즙을 사용. 김치 왕만두의 만두피에는 고추장과 당근즙을 사용하는 것이 특징.

조직 피드백

■ 긍정
- 올해 맛 관리 시스템 정비를 통해 균일한 맛을 잡은 것.
- 다른 만두회사와 달리 국산 돼지고기, 소고기 사용을 고집하는 것이 소비자들 사이에 좋은 인식을 형성하고 있음.
- 정기적 품평회를 갖게 된 것이 신제품 개발에 도움이 되었음.

■ 부정
- 매장 1호점을 출점했으나, 매장 운영 지식이 아직 약함.
- 불량률 0.5% 수준으로 품질관리 시스템이 여전히 약함.
- 네이버 키워드 검색광고만 의존하고 있으며 다른 홍보, 마케팅 지식이 부족함.

고객의 생소리
- 우리 상품 혹은 서비스를 경험한 고객이 말하는 생소리
- 고객의 니즈와 욕구를 관찰해 새로운 기회요소를 발견
- 고객의 실제 행동을 관찰
- 가능한 쓴소리 듣기

광산 발견
- 산업의 경계와 상관없이 고객들이 최근에 좋아하는 상품
- 산업내 선두기업의 변화
- 산업내 새롭게 진출한 신생기업의 특징
- 겉모습이 아닌 성과를 내는 핵심원리를 발견
- 우리 강점과 연관하여 적용점을 선별
- 당장 적용 가능한 것부터 작게 테스트

조직 피드백
- 선택한 전략과 실행을 돌아보고 일하는 방식을 개선
- 조직내 잘못된 프로그램을 바꿀 수 있음
- 여러가지 관점에서 조직 피드백이 필요
- 문제의 원인, 해결 아이디어, 해결사를 발견

01 _ 전략검토 3CORES

있고 그것이 성과로 이어지고 있다는 점을 볼 때 기존 중저가 만두에서 프리미엄 제품을 라인업 하는 방향으로 프리미엄 만두 시장의 진입을 고려해볼 수 있다. 새롭게 만두시장에 진출한 신생기업인 수원 왕만두가 시장에 선보이고 있는 활약은 숨결만두식품에 위협으로 작용하기도 하지만 그들의 행동을 통해 통찰을 얻게 되는 계기가 될 것이다.

끝으로 조직의 피드백 부분을 보자. 맛관리 시스템을 통해 만두의 균일한 맛을 잡은 부분이나 경쟁사와 달리 국내 육류를 고집한 것이 소비자들의 인식에 좋은 영향을 주고 있다는 점에서 긍정적인 요소라고 보았다. 반면, 매장 운영지식, 품질관리, 홍보나 마케팅 관련 지식은 부족하므로 부정적인 요소라고 보았다. 숨결만두식품은 이렇게 **전략검토 3CORES** 분석을 통해 소인 가구를 겨냥하여 다양한 맛과 가격을 잡은 가성비 좋은 신제품 개발을 지속하는 것을, 신선한 국산재료들의 활용을 통해 건강한 만두의 이미지를 만드는 것을, 기존 온라인 몰에서의 주문 결제시스템이 보다 쉽도록 개선하는 것을 강화해야 할 제목으로 잡았다. 또한 프리미엄 만두의 라인업의 필요나 별도의 온라인 비즈니스 센터를 설립하여 마케팅 본부장급 인재 영입 필요에 있어서는 변화가 필요한 부분으로 보고 제목을 잡았다.

이와 같이 **전략검토 3CORES**를 통해 이제 우리 조직의 강화해야 할 것은 무엇인지, 변화가 필요한 것은 무엇인지를 구성원들과 함께 발견해보자.

전략검토 3CORES 양식

01 _ 전략검토 3CORES

전략검토 3CORES

| 조직명 | | 기간 | | 책임자 | |

강화

변화

고객의 생소리

광산 발견

조직 피드백

전략수립 W모델 | 27

02 _ 기회탐색 4WAYS

모든 장애물이 곧 기회라는 것을
명심하고 장애물을 찾자. 로버트 H. 슐러

'동료 소비자'의 시대가 오고 있다

B급 감성이 뜨고 있다. 잘 만든 웰메이드 영상보다 대충 만든 것 같은 저화질의 영상이 이슈가 된다. 화장품 회사들은 이른바 A급 탑모델을 광고에 내보내지 않고 평범한 것 같은 모델을 자사 제품의 모델로 내세운다. 급기야 나이키는 최근에 키가 160센티도 안되는 개그우먼을 전 매장의 윈도우 모델로 내걸기도 했다. 과거에는 상상도 하기 어려운 일이다.

왜 이러는 걸까? 소비자들이 더 이상 기업이 내세우는 멋지고, 이상적인 메시지에 귀기울이지 않게 되었다. 그보다는 내 주변에 평범한 '동료 소비자'의 말을 우선해서 듣는다. 게다가 아주 손쉽게 듣고 싶은 정보를 얻을 수 있다. 그리고 아주 최신의 소식을 얻는데 불편함이 없다. 경우에 따라 내가 직접 1인 미디어가 되어 전세계에 있는 '동료 소비자'들에게 내 의견을 전파할 수 있다.

소비자는 구매자인 동시에 평가의 주체이다. 과거에는 개별 소비자의 영향력이 주변 몇 사람에게 그쳤지만 지금은 거의 무한대에 가깝다. 기업이 전략을 수립할 때 이런 동료소비자의 힘을 간과했다가는 왜 어려워지는지도 모르고 사그라들게 된다.

개별 미디어의 시대인 지금은 메인 매체보다도 동

02 _ 기회탐색 4WAYS

최근에는 SNS를 적극 활용하는 1020세대 소비자의 영향력이 커지면서 식품업계는 소비자의 요구에 맞춰 단종된 제품을 재생산하여 출시한다.

오리온은 소비자의 요구를 적극 반영한 결과 태양의맛 썬은 출시 4개월 만에 판매량 1000만개를 돌파했고, 치킨팝은 출시 이후 7주 만에 판매량 300만개를 돌파하는 등의 대성공을 거두었다.

료 소비자들의 파워가 훨씬 크다. 전략을 수립할 때 동료 소비자의 반응을 어떻게 살피고 그 반응을 계획에 반영할지에 대한 고민이 훨씬 더 중요해졌다. 고객들의 참여와 반응에 민감하게 반응하지 않으면 기업의 규모와 상관없이 한 방에 날아가는 일이 생긴다.

기업은 내가 어떤 메시지를 전하느냐보다 시장에서 활동하는 '동료 소비자'들의 활동에 귀를 기울이고 그 결과에 빨리 반응해 주는 것이 중요하다. 그래서 고객 커뮤니케이션에서도 긴 호흡보다는 짧고 단순한 것이 필요하다. 장거리 마라토너가 아니라 단거리 스프린터가 필요하게 된 것이다. 빨리 실행해 보고 반응을 본 후에 수정하는 것이다. 잘 만든 전략이나 콘텐츠라고 해서 고객들로부터 사랑받는 것이 아니다.

어떤 제품이나 서비스가 고객들로부터 열광받게 될지 예측하기 어려운 시대이다. 다양하게 시도해 보고 잘 되는 것에 집중하기 위해서는 처음부터 고품질의 웰메이드를 지향하기 보다는 먼저 실행해 보고 확신을 가진 후에 집중하는 것이 중요하다.

마케팅의 아버지라 불리는 필립 코틀러는 마켓 4.0에서 '기업은 고객을 타겟팅하지 말고, 고객이 구매하고 사용하는 경로에 머물어야 한다.'고 했다. 기업은 더 이상 사냥꾼처럼 타겟을 정하고 준비하며 고객을 찾아가는 것이 아니라 오히려 고객들이 놀고 있는 마당으로 가서 그 고객들이 움직이는 경로에 자리 잡고 있으라는 것이다. 고객이 어떤 니즈를 느끼고, 어떻게 대안을 탐색하고, 비교하며, 구매를 결정하는지 그 경로에 있는 것이다. 이런 고객 경로에 머무르기 위해서 고객 생태계를 만들고 그 안에 머물러 있기 위해서 고객과 소통하는 것이다. 내가 무엇을 하고 싶은가에 집중하는 것이 아니라 고객이 무엇을 원하고 결정하며 또한 사용하는지 아주 민감하게 살피고 기업의 서비스를 이동시키는 것이다. 그래서 결국은 '동료 소비자' 들이 서로 확인되고 검증되는 것이다. 최근에 'LG 마케팅 대신 해드립니다' 라는 트위터 계정이 생긴점이나 온라인 커뮤니티에도 LG 제품들의 우수성을 알리는 글들이 'LG 마케팅 대신 해드립니다' 라는 제목으로 올라오고 있을 정도로 동료 고객들의 활동이 양성화 되고 활발해졌다. 그 어느 때보다 소비자들의 정보 접근권이 크고, 기업에 미치는 영향이 큰 시기를 살고 있다.

기업들이 '동료 소비자'의 힘을 무시하면 안된다. 오히려 그들이 활발하게 활동하며 그들의 활동 반경에 기업이 들어가야 한다. 그래야 전략이 실행되고 제대로 된 방향으로 조정해 갈 수 있다. 그것은 단순이 '이 제품 어때요?' 라고 묻는 것이 아니라 그들의 구매와 사용 경로와 생태계 속으로 들어가는 것이다.

02 _ 기회탐색 4WAYS

기회탐색 4WAYS 작성 안내

우리의 상품과 서비스를 기존 고객에 대해서만 판매하는 것이 아니라, 다른 고객에게 확장해보면 어떻게 될까? 이 가능성을 검토해보는 것이다.

전략수립 W모델의 두 번째 도구는 **기회탐색 4WAYS**이다. **기회탐색 4WAYS**는 고객, 채널, 프로세스, 상품 네 가지 길 별로 우리 비즈니스에 어떤 기회가 있는지를 탐색해보는 것이다. 회사의 전략적인 방향을 잡을 때 처음에는 막막하다. 우리의 생각보다 시장과 고객의 변화가 빠르기 때문이다. 지금하고 있는 비즈니스가 미래에 어떤 영역에서 성공을 거둘지, 어떤 영역에서 힘들어질지 도저히 알 수 없다. 그래서 회사 비즈니스를 둘러싸고 있는 네 가지 영역에서 기회의 가능성을 발견해보는 것이 도움이 될 것이다.

첫번째는 '**고객**'이다. 그동안 우리가 상품과 서비스를 판매하던 고객들은 특정한 고객층이었을 것이다. 우리의 상품과 서비스를 기존 고객에 대해서만 판매하는 것이 아니라, 다른 고객에게 확장해보면 어떻게 될까? 이 가능성을 검토해보는 것이다. 예를 들어 B2B 비즈니스를 하는 회사라면 B2C 일반 고객들에게 직접 판매해보면 어떻게 되는지 생각해보는 것이다. 의료기기 회사가 기존에는 병원과 의사를 대상으로 판매를 했다면, 일반 가정에 판매하는 방법은 무엇이 있을까 생각해보는 것이다. 만두 제조회사가

02 _ 기회탐색 4WAYS

그동안 1kg 단위로 프렌차이즈에 주로 납품을 했다면, 우리 제품을 소포장 해서 편의점에 판매할 수는 없을지, 대용량 포장을 해서 학교 급식소에 판매할 수는 없을지, 군납으로 할 수는 없을지 일반 기업에 출장 서비스를 할 수는 없을지, 일반 식품회사에 도매로 판매할 수는 없을지 등 다양한 판매 고객으로 확장시켜 볼 수 있다. 포장 방식, 제품 구성 단위 등 우리의 물성을 유지하면서 몇 가지 요소에 대한 변화를 주면, 우리 회사의 제품도 기존의 고객에 대해서만이 아니라 전혀 다른 고객에게 판매할 가능성이 열릴 수 있다.

한 여행 회사는 기존에 학교 수학여행, 어떤 단체의 교육여행, 탐방형 여행 상품 등. 교육 중심의 여행 상품만을 판매해왔다. 최근에 이 교육 중심의 여행 상품을 기업의 임원, 시니어, 유치원생에게 팔아볼 수 없을까를 고민하면서 고객 다변화를 통한 상품의 확장을 해 나갔다. 가지고 있는 상품과 서비스가 유형이든 무형이든 상관없이 내가 가지고 있는 상품을 고객을 달리해 본다면 어떤 양상이 나타날까를 상상해보면서 고객 다변화의 가능성을 알아보는 것이다.

두 번째는 **'채널'** 이다. 기존에 상품을 판매하고 있는 채널이 있을 것이다. 그 채널을 확장해 보는 것이다. 직원 다섯 명 정도를 두고 전통시장의 한 매장에서 설렁탕 소스를 판매하는 회사가 있다. 이 회사는 다른 지역에 있는 시장 상인에게 그 지역에 있어서 판매권을 주고, 그 지역 사람들에게 설렁탕 소스를

02 _ 기회탐색 4WAYS

산업군내의 판매 방식만 고려하면 변화하기 어렵기 때문에 다른 산업들의 판매가 어느 채널에서 많이 늘어나고 있는지를 함께 살펴보면서 판매채널의 다각화를 검토해 보기 바란다.

판매할 수 있도록 해주었다. 오프라인 채널의 확장을 시도한 것이다. 우리고 알고있듯 오프라인보다 온라인이 채널의 확장 가능성이 더 높다. 그래서 이 회사는 온라인 쇼핑몰을 만들었다. 지금은 자사몰과 스마트스토어, 오픈 마켓 등 다양한 온라인 채널로 확장하면서 고객이 굳이 매장에 찾아오지 않더라도 온라인몰에서 설렁탕 소스를 판매할 수 있게 되었다. 우리 회사에도 상품과 서비스를 판매하고 있는 기존 판매 채널이 분명 존재할 것이다. 기존의 이 전통적인 채널은 기존 매출을 유지해주고 있기 때문에 함부로 무시하긴 어렵다. 다만 그걸 유지하면서 도매, 소매, 온라인, 오프라인 등 다양한 다른 채널들을 고려해보는 것이 필요하다. 산업군내의 판매방식만 고려하면 변화하기 어렵기 때문에 다른 산업들의 판매가 어느 채널에서 많이 늘어나고 있는지를 함께 살펴보면서 판매채널의 다각화를 검토해 보기 바란다.

세번째는 '**프로세스**'이다. 기존 산업을 만들어내는 프로세스를 검토하는 것이다. 만두 제조 회사의 경우, 만두를 만드는 방식이 기존에는 대량 생산에 적합한 컨베이어 벨트 방식이었다면, 최근에는 소량주문이 많기 때문에 셀 생산 방식을 추가해 보는 것이다. 또는 만두의 신선함을 위해 기존 저온 냉동 방식에서 급속 냉동 방식으로 바꿔 보기도 하는 것이다. 이렇게 다양한 형태의 내부의 프로세스를 바꿈으로써 고객의 요구에 부흥할 수 있는 시스템을 만들어가는 것이다. 컨설팅 회사도 마찬가지이다. 무형의 완

02 _ 기회탐색 4WAYS

제품을 만들어내는 기존 프로세스를 고객이 원하는 것에 맞게 바꿔주려고 노력해 보는 것이다. 여기에서 혁신의 기회가 나타난다. 컨설팅 회사는 컨설턴트가 한 기업에 가서 직접 만나서 조사와 인터뷰를 하고 보고서를 공유하여 경영자로 하여금 인사이트를 발견하게 하고 해당 주제에 대해 실행하게 하는 것이 전통적인 컨설팅의 방식이다. 그런데 고객의 니즈에 따라 컨설턴트를 만나지 않아도 간단한 온라인 교육 영상을 제작해 공유해보면 어떨까? 고객이 왠만한 개념은 스스로 이해하고 실행할 수 있게 된다면, 컨설팅 회사도 직접 만나지 못하는 사람들을 위해 프로세스를 변화시켜서 가치를 전달하는 것이 된다.

어떤 회사이든 작업이 시작되어서 판매에 이르기까지 수많은 프로세스가 존재할 것이다. 그 프로세스 안에서 원가를 혁신할 방법이 무엇인지, 품질을 올릴 방법은 무엇인지, 납기를 단축할 방법이 무엇인지, 소비자의 요구를 충족시켜줄 프로세스 혁신 방법은 무엇인지를 생각해 보고 기회를 발견해 보길 바란다. 때로는 제품을 만드는 작은 프로세스의 변화가 혁신을 만들어내고 고객이 열광하는 형태가 나타나기도 한다는 사실을 기억하자.

네 번째는 **'상품'**이다. 어쩌면 가장 어렵지만 혁신의 기회가 가장 크기도 하다. 우리가 만들어내는 어떤 상품이 있는데 그 상품 자체를 고객이 원하는 신제품으로 출시하는 등. 상품의 물성 자체를 바꿔주는 것이다. 예를 들어 만두 제조 회사의 경우 그동안

02 _ 기회탐색 4WAYS

신제품을 만들거나 기존 제품을 변화시켜서 고객들로부터 사랑받을 기회를 발견해보는 것이다.

은 갈비만두로 매출이 많이 올랐고 지난 몇 년 동안도 고객이 가장 좋아하는 만두가 갈비 만두였다고 해보자. 그런데 다른 경쟁사에서 동일하게 갈비만두를 만들어서 시장에서 제품의 차별화가 없어졌다면 어떻게 해야 할까? 당연히 판매 정체를 돌파할 새로운 제품이 필요하다. 대안으로 쭈꾸미 만두는 어떨까, 불곱창 만두는 어떨까, 마라 만두는 어떨까, 계속해서 새로운 상품들을 고객들에게 제안해 볼 가능성을 계획해보는 것이다. 그리고 나중에 이 만두의 신제품 출시 전략들을 캘린더에 맞게 제시해보고 테스트해서 고객에게 사랑받는 새로운 제품을 만들어내는 것이다.

어느 의료기기회사가 아주 강한 파장의 빛으로 피부질환을 치료하는 IPL(Intensed Pulse Light) 레이저 제품으로 시장을 점유하고 있는데, 기술의 진보에 따라 고강도의 초음파 에너지를 통해 치료하는 HIFU(high intensity focused ultrasound) 집속 초음파 시스템을 시장에 선보일 수 있다. 이처럼 상품은 소재, 기술, 새로운 기기가 도입되는 것과 직결된다. 그래서 우리 회사에 기회탐색 4WAYS의 마지막 네 번째이자 가장 파괴력이 큰 것은 상품의 변화이다. 신제품을 만들거나 기존 제품을 변화시켜서 고객들로부터 사랑받을 기회를 발견해보는 것이다.

기회탐색 4WAYS는 앞서 말한 것처럼 기회를 탐색해보는 가능성을 열어보는 것이다. 기회탐색 4WAYS 장표를 작성할 때는 나오는 아이디어의 타당성 여부는 잠시 내려놓고 "그런 방법도 있겠네", "그 아이디어도 괜찮네", "그렇게 해보아도 되겠네", 이렇게 서로 촉진하면서 아이디어를 나누는 시간으로 활용해 가길 바란다. 그 중에서 분명 기회의 인사이트를 발견할 수 있을 것이다.

숨결만두식품의 기회탐색 4WAYS 샘플을 보자.
고객의 가능성에서는 고급 재료를 즐기는 40~50대부터, 간편 포장을 선호하는 1인 고객, 달콤한 만두를 선호하는 10대 고객까지 다양한 기회들이 있다. 채

기회탐색 4WAYS 샘플

02 _ 기회탐색 4WAYS

기회탐색 4WAYS

| 조직명 | 숨결만두식품 | 기간 | 2019.11.15 | 책임자 | 최고수 본부장 |

기회 Insight

- 공영홈쇼핑 채널을 통해 세트 상품 초특가 판매 이벤트 진행.
- 고속도로 내 휴게소 중심으로 외식 직영점 오픈.
- 소인가구를 타켓으로 하는 간편식 만두 개발.
- 소량 주문건을 효과적으로 처리할 수 있도록 셀 생산방식 도입.
- 국내 5대 편의점과 파트너십 맺기
- 식품 개발실, 온라인 마케팅팀 팀장급 인력 보강

채널
- 자사몰, 스마트스토어, 오픈 마켓
- TV, 모바일 홈쇼핑
- 대형마트, 편의점 유통망
- 고속도로 내 휴게소 유통망

고객
- 고급 재료를 즐기는 40~50대 고객
- 간편 포장을 선호하는 1인 고객
- 달콤한 만두를 선호하는 10대 고객

프로세스
- 풍부한 식감 구현을 위한 신선한 재료 세분법
- 고기와 야채 통합 배합 시스템
- 공정의 처음과 최종을 작업자가 책임지는 셀 생산 방식
- 영하 40도에서 7분간 냉동하는 급속 냉동 시스템

상품
- 프리미엄 재료를 활용한 상품
- 시즌별 제철 만두 기획 상품
- 간편 조리가 가능한 전용 용기 상품
- 소량 포장 방식을 적용한 상품
- 명절 선물세트로 기획한 세트 상품

(중앙: 기존 사업)

고객
- 신규 고객, 시장 개발 전략
- 기존 특정 고객층에서 새로운 고객층으로의 확장
- 고객 다변화를 통한 상품의 확장 가능성 검토

채널
- 기존 판매 채널 외 새로운 판매 채널로의 확장
- 온라인 오프라인 다양한 채널에서의 판매 가능성 검토
- 다른 산업군의 판매 채널도 관찰

프로세스
- 소비자의 요구에 부흥할 수 있는 프로세스 혁신방법을 고려
- QCD(품질, 비용, 납기)영역에서의 개선 가능성 검토
- 시작할 수 있는 작은 프로세스의 변화를 통해 변화 기회 발견

상품
- 고객의 요구를 충족시킬 기존 상품의 변화 가능성 검토
- 시장과 고객의 변화를 관찰하며 상품 변화의 기회 발견
- 시장의 변화를 반영한 신제품 개발

02 _ 기회탐색 4WAYS

널은 온라인에서는 자사몰뿐 아니라 오픈 마켓, 홈쇼핑, 오프라인에서는 대형마트와 편의점 유통, 고속도로 내 휴게소 유통망의 채널까지의 확장 가능성을 보았다. 프로세스는 요즘 고객의 만두 선호 스타일을 반영하는 공정과 시스템의 가능성을 보았다. 상품은 고객층의 확장 가능성을 염두에 두고 연결하여 프리미엄 재료를 활용한 상품, 간편 조리가 가능한 전용 용기 상품 등의 가능성을 보았다. 이런 과정을 통해 숨결만두식품은 공영홈쇼핑 채널을 통해 세트 상품 초특가 판매 이벤트를 진행해 봐야겠다, 고속도로내 휴게소 중심으로 외식 직영점 오픈하면 어떨까, 소인가구를 타켓으로 하는 간편식 만두를 개발하고, 소량 주문건을 효과적으로 처리할 수 있도록 셀 생산방식 도입이 필요하겠다 등의 기회의 인사이트를 발견했다.

이렇게 고객, 채널, 프로세스, 상품 네 가지 길 별로 우리 비즈니스에는 어떤 기회가 있는지를 구성원들과 함께 탐색을 시작해보자. **전략검토 3CORES**부터 **기회탐색 4WAYS**까지 제대로 점검해보았다면 꼭 필요한 영역에서의 분석을 모두 마친 것이나 다름없다.

02 _ 기회탐색 4WAYS

기회탐색 4WAYS 양식

기회탐색 4WAYS

| 조직명 | | 기간 | | 책임자 | |

기회 Insight

제품	고객
	기존 사업	
프로세스	유통채널

전략수립 W모델

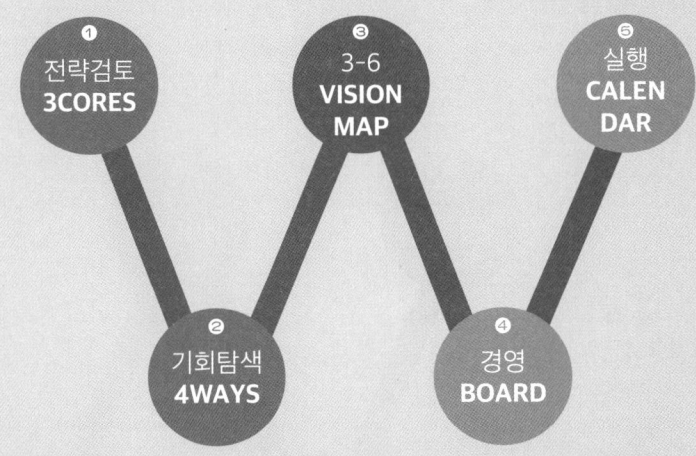

2부

가슴 뛰는 비전과 구체적인 목표를 통해 **실행에 집중**하라

03 _ 3-6 VISION MAP

미래를 예측하는 가장 좋은 방법은
미래를 창조하는 것이다. 피터 드러커

결국, 기업의 일하는 방식이 변해야 한다

고객과 시장의 변화는 결국 기업의 조직문화에 변화를 가져왔다. 스타트업 방식의 조직문화를 갖기 위해서 조직 구조나 인사, 교육, 기업 문화에도 자연스러운 변화를 가져왔다. 정형화된 조직 구조나 부서 중심의 조직 보다는 프로젝트나 서비스를 중심으로 한 프로젝트형 조직으로 변화했다. 따라서 직무기술서 중심의 장기적인 MBO방식이 아니라 상대적으로 짧은 주기의 OKR 방식이나 TFT 방식의 조직 문화가 확산하고 있다. 승진도 역량평가와 교육 포인트 등을 중심으로 하던 중장기적인 CDP방식에서 직책 중심의 과업 부여 방식으로 변화하고 있다. 상명하복 중심의 인사고과 방식도 역할 중심의 다면피드백 방식으로 변화하고 있다. 서열과 경험 중심의 리더십 구조 역시 목표 중심의 팀워크 형성 방식으로 변화하고 있다.

조직 문화에서 이런 엄청난 변화는 결국 어떤 조직의 형태가 시장과 고객으로부터 사랑받고 지속가능한 경영을 이룰 것인가에서 출발한 것이다. 산업과 규모에 따라 속도의 차이는 있겠지만 글로벌한 경쟁 환경에서 결국 기업의 일하는 방식은 변할 것이다. 누가 먼저 움직일 것인가의 문제만 남았다.

어쩌면 보호무역과 법률상의 규제가 이런 글로벌한 경쟁 환경에서 우리를 지켜 주리라는 기대를 가진 경영자가 있을지도 모르겠다. 하지만 역설적이게도 그런 규제가 있었더라면 우리는 아마 처음에 사업

03 _ 3-6 VISION MAP

창업이란 원래 기존 산업의 강자들이 채워주지 못하던 고객의 욕구나 잠재적 니즈를 채워주면서 진출하는 것이다.

을 시작할 수 없었을지도 모른다. 창업이란 원래 기존 산업의 강자들이 채워주지 못하던 고객의 욕구나 잠재적 니즈를 채워주면서 진출하는 것이다. 그런 진출은 반드시 기존 경쟁자들에게 어떤 형태로든 '피해'를 주면서 등장하게 되어 있다. 보호무역과 법률상 규제는 그런 '피해'를 막자고 하는 것이니, 기득권은 보호하지만 새로운 혁신에 장애물로 작동하게 되는 것이다. 편의점 산업에서 기존 편의점 가맹점주를 보호하기 위한 지역상권 보장 정책은 역설적으로 기득권 보장과 권리금의 급상승으로 신규 시장 진입자의 기회를 원천적으로 봉쇄해 버린 것과 마찬가지이다. 모든 산업에서 이런 비슷한 보호를 취한다면 미래의 어느 순간에 다음 세대 청년들은 아예 창업의 기회가 없을지도 모른다.

시장은 규제한다고 멈추는 것이 아니다. 인간이 자신의 자원을 보다 나은 곳에 사용하고 싶은 욕망이 사라진다면 그 때 시장은 멈춘다. 그런 날은 오지 않는다. 끊임없이 변화하고 역동하는 것이 시장이다. 내가 가진 만 원을 가지고 가장 맛있는 저녁 식사를 하고 싶은 것이 인간이다. 조금이라도 더 나은 맛과 서비스를 제공하는 식당을 찾아 가는 것이 바로 시장이다. 시장은 통제한다고 멈추는 것이 아니다. 오히려 이런 더 나은 것을 선택하는 뿌리 깊은 인간의 선택 본성이 시장을 풍요롭게 하고 입체적으로 만들며 비즈니스의 창의성을 북돋는다.

시장을 통제할 수 없다면 결국 조직이 바뀌어야 한

03 _ 3-6 VISION MAP

다. 변화하는 시장 중심의 조직이 되어야 한다. 인간은 원래 하던 일을 계속하려는 타성이 있다. 안전지대다. 신입사원을 채용해서 일주일만 지나 보라. 새로운 일을 시키기 어려운 상태가 된다. 이 일을 하기에도 바쁘다고 한다. 기존 조직에 일을 하나만 추가하려고 해도 다음날 아침 부서장은 사장실로 찾아와 한 사람이 더 필요하다고 한다. 인간은 원래 안전지대를 찾아 자리 잡는데 천재적이다.

조직을 변화에 민감한 조직으로 만드는 것은 셋톱박스로 세계를 석권한 우리 나라 기업인 '휴맥스'의 이용훈 상무의 표현처럼 '달리는 자동차의 타이어를 갈아 끼우는 노력'이 필요할지도 모른다. 하지만 비즈니스의 역동성이 그 어느 때보다 빠른 지금이야 말로 변화에 민감한 실행 중심의 조직을 만든다면 기회는 무한하다. 퀀텀 점프의 흐름을 타는 것이다.

결국, 조직 문화가 바뀌어야 한다. 일하는 방식이 바뀌어야 한다. 부서와 팀의 '사일로(silo)'를 타파하고 목표 중심의 팀이 움직여야 한다. 최근에 확산하는 OKR 조직은 그런 의미에서 환영할 만하다.

03 _ 3-6 VISION MAP

3-6 VISION MAP 작성 안내

시장의 변화가 빠른 회사는 1년 단위로 3년을 잡을 수 있다.

전략수립 W모델의 세번째 도구는 3-6 VISION MAP이다. 앞서 작업했던 전략검토나 기회탐색에 나왔던 이야기들은 내년 1동안 혹은 향후 3개월 동안 해결하기에는 어려운 주제들일 것이다. 어쩌면 조금 몽상적인 이야기도 나왔을지 모르겠다. 이것들을 정리할 수 있는 그릇이 필요한데 그 그릇이 3-6 VISION MAP 이다. 3-6 VISION은 3년에서 6년 사이의 중장기 그림을 의미한다. 우리가 1년 경영계획을 수립을 하지만, 중장기적으로 어떤 방향성으로 갈 것인지 그려 놓는 것이다. 그래서 3-6 VISION MAP은 그래프가 총 3단계로 나누어져 있다. 짧으면 3년 길면 6년 정도인데, 우리 회사의 산업 특성에 맞춰 짧게 잡을 수도 있고 길게 잡을 수도 있다. 시장의 변화가 빠른 회사는 1년 단위로 3년을 잡을 수 있다. 시장의 변화가 좀 긴 편에 속한다면 2년 단위로 6년까지를 잡을 수 있다.

그래프 상단에는 단계별 목표를 적을 수 있게 되어 있다. 이 때 목표는 매출, 수익, 질적인 수준 등을 기입할 수 있다. 그래프 하단에는 핵심 사업, 핵심 고객, 핵심 상품에 대해서 작성한다. 핵심 사업은 우리의 사업은 이런 사업이다라는 사업의 특성을 말한다. 예를 들어 우리 회사가 소재를 유통하는 회사인데 첨단 섬유소재인 고어텍스를 유통하는 회사라고 한다

03 _ 3-6 VISION MAP

면, 사업의 정의 1단계는 '섬유 소재 유통회사'에 그칠 것이다. 그런데 2단계에서는 '첨단 소재 솔루션을 제공하는 회사', 3단계로 가서는 '고어텍스 라이프 스타일을 제안하는 회사'라고 바꾸어 규정할 수 있다. 만약 의자를 제조하고 유통하는 회사라면 핵심 사업 1단계는 의자 제조 및 유통업이 된다. 2단계는 의자를 유통하는 회사가 아니라 오피스 환경을 구성하는 회사다. 이렇게 사업을 정의할 수 있고 사업의 정의에 따라 사업의 가능성이 확장이 된다. 마지막 3단계는 단순히 오피스 환경을 구성하는 회사뿐 아니라 첨단 AI기반 오피스 환경 솔루션을 제공하는 회사가 될 수 있다. 우리 회사에도 틀림없이 단순히 상품과 서비스를 제공하는 것에서 그 상위의 솔루션, 그 상위의 비즈니스 원리를 만들어내는 형태의 무엇인가가 있을 것이다. 그것을 한번 비저닝(visioning) 해보라는 것이다. 핵심 사업에 대한 정의를 마쳤다면, 핵심 사업에 직결되는 핵심 고객과 핵심 고객을 만족시킬 핵심 상품을 순차적으로 생각해볼 수 있다.

숨결만두식품의 3-6 VISION MAP 샘플을 보자.
2020년 사업의 1단계에서는 핵심 사업 정의를 '온라인 만두 유통사업'이라고 했다. 이 때의 핵심 고객은 '온라인 쇼핑몰에서 만두를 먹고자 하는 고객'이며, 핵심 상품은 '편의점 만두, 온라인 직판만두, 새로운 신제품 만두'가 될 수 있다. 2021년 사업의 2단계에서는 회사가 온라인 만두 유통사업만 할 뿐 아니

03 _ 3-6 VISION MAP

라 외식 프랜차이즈로 사업의 다각화 비전을 가지고 있으므로 핵심 사업 정의를 '외식 프렌차이즈 활성화'로 할 수 있다.

이때 핵심 고객은 '전국 주요상권에 가맹점을 오픈하고자 하는 가맹점주'가 될 수 있고 핵심 상품은 연관하여 '1억 이하 규모로 오픈할 수 있는 가맹점 운영 노하우, 외식매장에서 즐길 수 있는 신선한 만두'가 될 수 있다. 2022년 사업의 3단계에서는 문화사업으로의 사업 확장을 염두에 두고 사업의 정의를 '만두기반 문화사업'이라고 핵심 사업을 정의할 수 있다. 이 때 핵심 고객은 '추억을 즐기고자 하는 일반대중', 핵심 상품으로는 '만두기반의 체험활동, 테마파크의 캐릭터 상품'이 될 수 있다.

03 _ 3-6 VISION MAP

3-6 VISION MAP 샘플

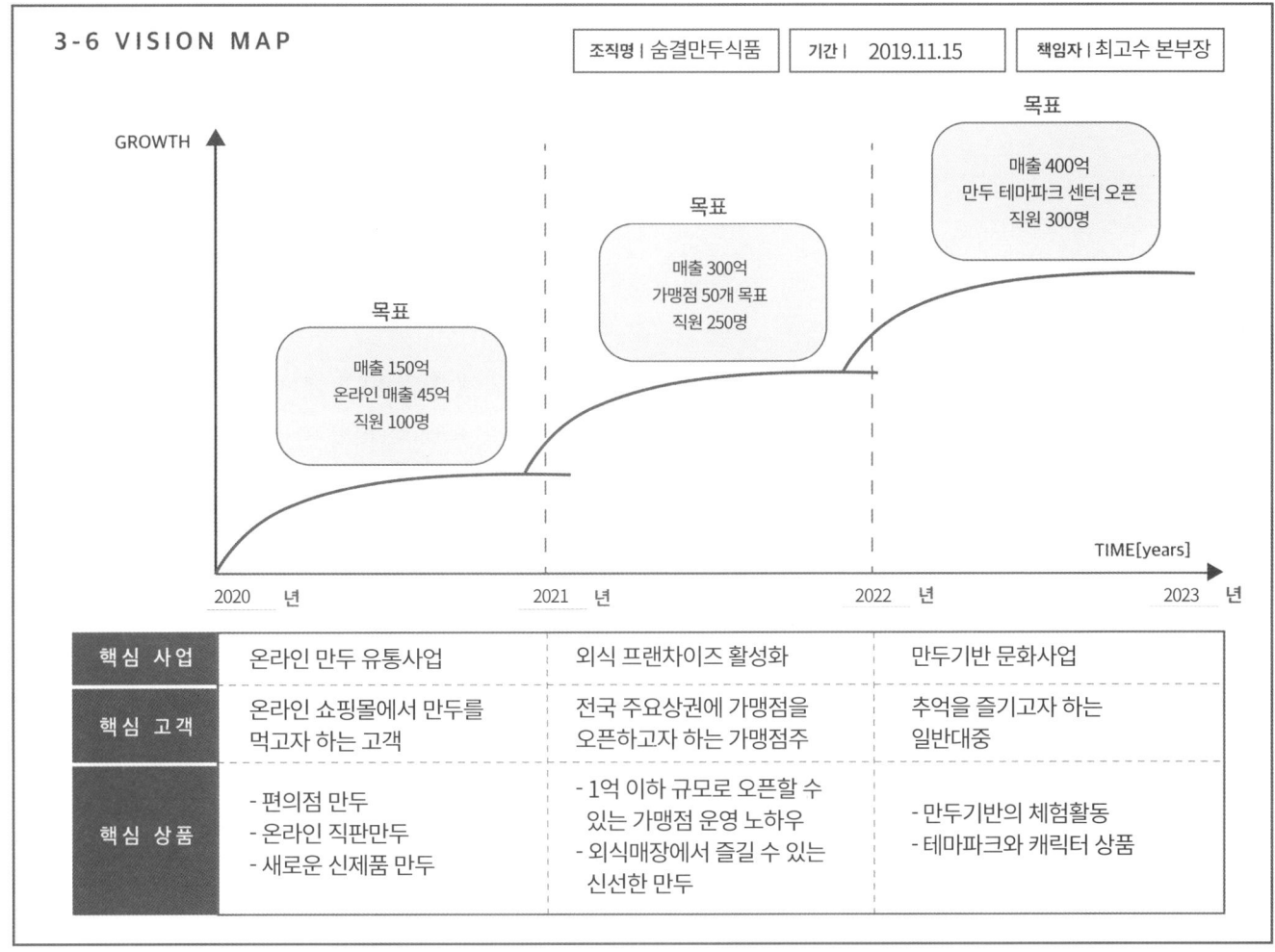

목표
- 산업의 특성에 맞게 중장기 비전의 기간을 설정
- 1년 단위로 3년 비전 or 2년 단위로 6년 비전 수립 가능
- 매출, 수익, 질적인 수준의 목표 등을 작성

핵심 사업
- 우리가 하는 사업의 정의를 단계별로 작성
  ex) 1단계 의자 제조 유통 회사
      2단계 오피스 환경 설계 회사
      3단계 오피스 라이프 스타일 제안 회사

핵심 고객
- 핵심 사업에 직결되는 고객층을 의미
- 각 사업의 단계별 반드시 만족시켜야 할 고객을 작성

핵심 상품
- 각 사업의 단계별 핵심 고객을 겨냥한 상품을 의미
- 전략적으로 어떤 상품을 통해 고객을 만족시킬지 고려

전략수립 W모델 | 49

03 _ 3-6 VISION MAP

이제 우리 회사의 3-6 VISION MAP을 작성해보자. 이렇게 3단계로 방향성을 잡아보면 우리가 되고자 하는 비전의 전체 그림이 나올 것이다. 향후에 시장과 고객의 변화에 따라 비전 중 어떤 것이 먼저 실행될지는 모른다. 그렇지만 미리 전체 그림을 그려 놓고 그 가능성을 준비해가는 것이다. 핵심 사업을 너무 거창하게 하지 않아도 상관없다.

우리가 무엇에 집중하겠다는 개념으로 핵심 사업을 작성해보고 그 때 우리 핵심 고객이 누구이고 마지막으로 우리는 그 고객들에게 어떤 상품을 판매할 것인지에 대해 마저 고민하여 작성해 보면 된다. 이것이 내년 1년 계획을 위한 중심축이 되고, 큰 중장기의 방향성으로 작동하게 될 것이다.

03 _ 3-6 VISION MAP

3-6 VISION MAP 양식

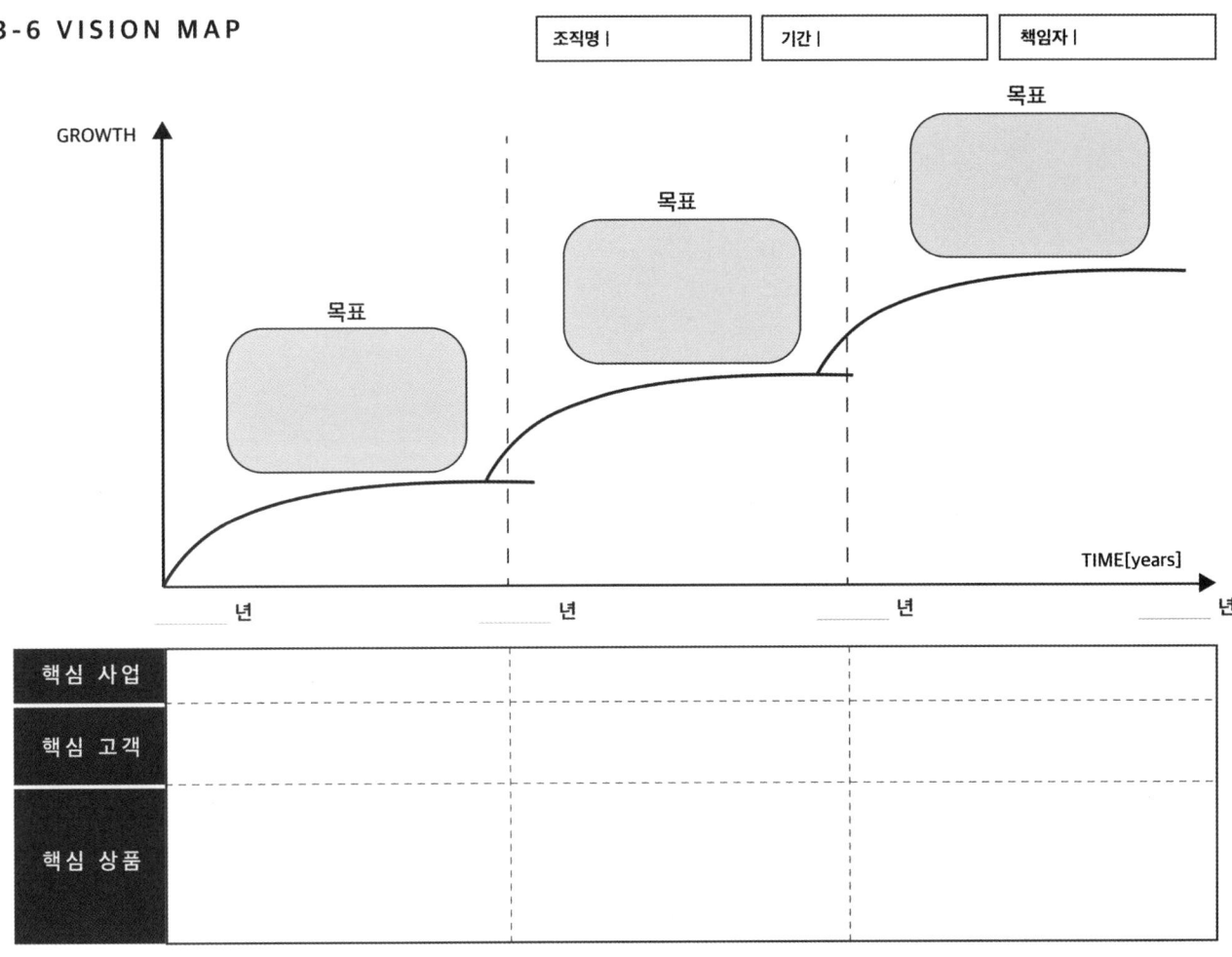

04 _ 경영 BOARD

목표는 성취하기 어려워야 한다.
그러면서 동시에 가능한 것이라야 한다.
불가능한 것을 지향한다든가,
전제로 삼는 일은 야심적이기 보다는
무모한 것이다. 피터 드러커

OKR 방식의 3가지 새로운 원리

OKR을 살펴보면 결국 목표를 정하고 그 목표가 달성되었을 때의 결과에 집중하라는 것이 핵심이다. 사실 O의 개념에 KR이 포함되어 있어야 한다. 구체적인 목표를 뜻하는 Objective는 그 일의 결과가 어떻게 될 것인지 구체성을 이미 포함하고 있다. 그런데도 불구하고 별도의 KR을 명기하게 해서 결과를 보다 명확하게 하려는 의도이다. 우리는 현장에서 개념에 맞는 목표를 수립하는 것을 어려워하는 매니저들을 만나면서 이렇게 위로한다. '구글이나 MS 같은 글로벌 기업에서도 O와 KR을 구별해서 표현하게 하는 것을 보면 그들도 O만 기록해서는 KR이 표현되지 않으니까 그런 것이 아니겠습니까!'

"최적의 목표 관리 단위, 3개월"

OKR방식의 새로움은 목표관리로 고민을 겪은 사람들은 금방 알 수 있다. 첫 번째는 오직 3개월 이내의 목표만을 관리한다는 것이다. 물론 장기적인 방향성을 무시하는 것은 아니지만 실행 레벨에서는 오직 3개월 단위로 목표를 쪼개서 관리하는 것이다. 우리는 그동안에도 현장에서 프로젝트는 3개월 단위로 쪼개서 수립하고 관리하라는 조언을 해 왔다. 하지만 OKR만큼 명확하게 3개월의 중요성을 말하고 있는 방법론은 없다.

이른바 '학생증후군'은 데드라인에 임박해서 그 일을 착수하는 것을 말하는데 비즈니스 현장에서도 마찬가지이다. 3개월이 넘는 목표는 지금 당장 내 일

04 _ 경영 BOARD

3개월은 너무 짧지도, 길지도 않은 적절한 기간이다. 구체적인 실행 단위에서 목표로써 도전적이며, 일을 미루지 않고 달성할 실행 드라이브를 걸기에도 적절한 기간이다.

에 영향을 미치지 않는다. 신제품 개발이나 해외 진출처럼 최종 결과가 나오기까지 장기간 걸리는 일이라 하더라도 결국은 그 일의 목표를 3개월 이내로 쪼개서 목표를 관리해야 이번주, 혹은 오늘의 해야 할 일이 생성된다.

반대로 목표가 너무 짧으면 지나치게 현실적인 운영 측면에 매몰되는 경향이 있다. 하루 하루를 살다 보면 도저히 새로운 도전이나 목표를 수립할 엄두가 안나는 것이 업무 현장이다. 그래서 한 달 혹은 두 달 단위의 목표 설정은 도전적이 되기 어렵다. 창의적인 새로운 아이디어를 얻기도 어렵다.

3개월은 너무 짧지도, 길지도 않은 적절한 기간이다. 구체적인 실행 단위에서 목표로써 도전적이며, 일을 미루지 않고 달성할 실행 드라이브를 걸기에도 적절한 기간이다. 결국 OKR 기반의 경영 전략을 수립한 조직은 1년에 4번을 전략수립을 한다고 볼 수 있다.

"지표가 아닌 결과에 집중"

우리는 오랫동안 목표의 SMART를 배워 왔다. 목표는 구체적이고, 측정 가능하며, 행동 지향적이고 현실과 맞고 시기도 적절해야 한다는 것이다. 그래서 목표 수립에서 지표가 매우 강조되어 왔다. 하지만 우리가 현장에서 경험하는 것은 목표의 지표성에 대한 한계이다. 많은 선배들이 목표를 지표화 하는 모델을 개발하고, 그것을 관리하는 것이 중요하다고 해 왔지만 여전히 목표를 지표화 하는 것은 어렵다.

04 _ 경영 BOARD

또한 개발한 지표가 목표를 정확하게 반영하는 경우도 드물다. 직원들이 행복한 회사가 된다는 것의 지표로 직무만족도가 얼마나 정확한 지표일지 모른다. 고객이 만족하는 상품을 출시하는 것의 지표로 재구매율이 얼마나 타당한 지표가 될지는 아무도 모른다.

이것을 보완하기 위해서 경우에 따라 목표 하나에 지표가 수십 가지가 붙기도 한다. '탁월한 은행지점이 된다'의 지표가 과연 몇 개여야 할까? 게다가 지표는 종종 평가와 직결되고, 평가는 차등보상으로 직행한다. 결국 지표 수립의 현장에서 발견하는 것은 치열한 '밀당'이다. 지표를 한껏 올리고자 하는 경영진과 가능한 지표의 수준을 낮추고자 하는 실무자 간의 '밀당'에 과도한 에너지를 소모한다. 평가와 보상을 연동한 목표 수립은 거의 대부분 이런 밀당으로부터 자유롭지 못하다.

그럼에도 불구하고 목표가 달성되었는지, 혹은 달성되었다면 어떤 모습이 되는지 구체화하고 함께 하는 구성원과 동일한 표상을 갖는 것은 팀으로 일하는 현장에서 매우 중요하다. OKR이 집중하는 것은 '결과'이다. 그것이 지표화 되었든 그렇지 않든 어떤 결과를 가져오는지 집중하는 것이다. 지표가 아닌 결과에 집중하는 것은 지표에 집중하는 목표 관리 보다도 훨씬 구체적이다.

다이어트를 주제로 목표를 세울 때 지표 방식은 매일 운동 몇 시간, 칼로리 소모량, 식단 열량 등이 중요

04 _ 경영 BOARD

OKR에서도 목표를 수립하는 단계에서 정교한 전략을 검증하기 보다 목표와 결과에 집중하고, 실행 방법에서의 가설은 변화할 수 있다는 것을 인정한다. 전략적인 방향과 최소한의 가설을 가지고 실행해 보고 조정하는 것이 핵심이다.

한 지표, 즉 KPI이지만 OKR에서는 결과에 집중한다. 3개월 후에 몇 사이즈의 수영복을 입는다든지, 최종 몸무게에 집중하든지, 어떤 모습으로 친구들 앞에서 설 것에 집중한다. 실행하는 과정과 관리 방법은 실행하면서 바뀔 수 있다는 전제가 깔려 있다.

"베타 전략으로 시작한다."

전세계적인 컨설팅 회사인 맥킨지는 컨설턴트들에게 '가설중심사고'를 기본 소양으로 가르친다. 문제를 해결하기에 앞서서 팩트에 근거한 몇 가지 가설을 수립하게 하고 가설을 검증하는 방식으로 문제의 핵심 원인과 해결에 다가가는 것이다. 전략은 가설을 갖는 것이다. 이 가설은 최초 실행 단계에서 매주, 혹은 매 현장에서 맞는지 여부를 검증 받는다. OKR에서도 목표를 수립하는 단계에서 정교한 전략을 검증하기 보다 목표와 결과에 집중하고, 실행 방법에서의 가설은 변화할 수 있다는 것을 인정한다. 전략적인 방향과 최소한의 가설을 가지고 실행해 보고 조정하는 것이 핵심이다.

그래서 OKR에서는 전략적인 포인트나 아이디어를 기록하거나 합의하지 않는다. 다만, 실행하는 과정에서 스프린트 & 스크럼 미팅의 구조를 중요하게 여긴다. 스프린트는 단거리 달리기처럼 실행에 집중하는 기간을 말하고, 스크럼 미팅은 스프린터들이 함께 모여서 가설을 검증하고 다음 액션을 결정하는 일종의 실행조정미팅이다.

OKR에서는 계획 수립 단계에서 정교한 전략과 예측을 중요하게 여기지 않는다. 먼저 실행하고 그것을 조율해 가는 과정을 통해서 성공 가능성을 높이는 것이다. 전략의 정확성과 예측성을 측정하던 시대가 지났다. 누가 얼마나 정교하게 미래를 예측하느냐의 시대가 끝나고 변하는 시장과 고객의 흐름에 누가 빨리 대응하느냐의 시대가 되었다. 그래서 전략도 베타 전략이다. 스프린트와 스크럼을 반복하면서 변화에 빨리 대응하는 전략이 중요하다.

"보상과 직접 연동하지 않는다."

그동안 MBO와 KPI는 성과관리와 평가보상을 직접 연동함으로써 그 영향력을 확대해 왔다. 그런 점이 사람들을 목표에 집중하게 하고 열심을 이끌어 내는데 기여한바가 없지 않다. 하지만 OKR은 평가를 위해서 하는 것이 아니라 성과에 집중하기 위해 하는 것이다.

물론 OKR을 수행하는 과정에서 개인의 행동, 태도, 기술, 역량, 지식, 가치 등 다양한 평가의 증거들이 모이게 되어 있다. OKR은 보상을 위한 중요한 정보를 제공하는 것이 분명하지만 평가를 위해서 하는 것이 아니다. OKR에서 평가는 이런 개인의 특성들이 성과를 내는데 어떤 도움을 줄 것인지 피드백 하는 것에 포커스 한다. OKR 기반의 조직 운영은 평가를 쉽게 만들어 준다.

OKR 방식은 평가가 등급과 순위를 중시하는 상대평가 중심에서 벗어날 것을 주장한다. 그동안 평가는 차등보상을 위한 것에 포커스 되어 있었다. 그러나

04 _ 경영 BOARD

리뷰와 발전을 위한 방식의 OKR은 성과에 집중하고 미래적 관점에서 대안을 찾아 가는 것에 집중한다. 과거를 평가하는 것이 아니라 리뷰를 통해서 미래를 조정하는 것이다. 이미 포춘지의 유수의 기업들이나 상대 평가의 선두주자였던 GE마저도 상대 평가를 종식하고 절대평가로 전환한지 오래 되었다.

성과관리에 관해서 가장 정교화된 방법론으로 일본 이나모리 가즈오의 경영 방법론인 '아메바 방식'은 개인의 시간당 생산성까지 측정하는 것으로 명료하다. 하지만 이나모리도 아메바의 결과를 보상으로 직결하지 말 것을 이야기하는데 그것은 지표가 지나치게 보상과 직결되는 경우의 부작용을 잘 알고 있었기 때문이다. 미국의 한 통계에 따르면 평가 지표에 대한 인사담당자들의 신뢰도가 13% 정도라고 하니, 그것을 운영하고 있는 실무자들조차 운영에 대한 신뢰를 안하고 있는 것이다.

OKR은 그 자체로 보상과 직결하지 않는다. 오히려 보상과의 관계성을 멀리 한다. 평가에 관해서는 과거에 대한 등급과 점수를 매기는 것이 아니라 행동을 리뷰하고, 다음 OKR을 위한 발전 방향을 논의하는 것에 집중한다.

보상은 회사의 철학과 조직 문화 차원에서 성과급 제도를 시행하거나 개인 차등 연봉제를 시행할 수 있다. 그 과정에서 OKR 결과가 중요한 요소로 작동될 수는 있지만 OKR 설계 자체가 성과급이나 보상을 설계하는 것은 아니다. OKR은 성과향상 방법론이다.

> OKR은 그 자체로 보상과 직결하지 않는다. 오히려 보상과의 관계성을 멀리 한다.

경영 BOARD 작성 안내

전략수립 W모델의 네번째 도구는 **경영 BOARD**이다. **경영 BOARD**는 결론 페이지로 내년 1년에 대한 목표와 계기판을 세우는 것이다. 무엇을 먼저 할 것인지 어디에 우리 자원을 집중할 것인지 결정해야 하는 장표다. 그래서 토론이 많이 필요한 장표이기도 하다.

상단에는 목표와 계기판을 적는 칸이 있다. 목표에는 내년 1년도의 목표를 작성한다. 양적으로는 매출이 어떻게 되고 질적으로는 어떤 모습이 될지를 작성한다. 계기판에는 내년 1년 동안 우리 회사가 최소 매월 관리해야 할 핵심 경영지표를 작성한다. 예를 들어 설렁탕 매장이라면 어떤 지표를 관리해야 할까? 매출, 원가, 고객수, 고객만족도, 매장수 등을 봐야할 것이다. 반드시 이 지표는 어느 정도 수준 이상이 되도록 관리해야 한다고 여겨지는 지표들을 계기판으로 잡으면 된다. 계기판에 지표는 적으면 세 개에서 다섯 개까지 작성할 수 있다. 상단의 목표와 계기판은 1년을 염두에 두고 작성을 하되 하단에는 집중해야 할 과제를 OKR로 작성한다. OKR은 3개월에 집중하여 달성해야 할 목표와 핵심결과를 의미한다. 회사의 경영계획 수립 시기가 1월이면 3월까지의 목표를, 경영계획 수립 시기가 3월이라면 6월까지 달성해야 할 목표를 작성해보는 것이다. 향후 3개월 동안 우리 회사가 전사적으로 집중해서 반드시 해결해야 할 제목이 있다면 무엇인가? 누가 그 제목을 맡는다면 문제를 해결할 수 있는가? 적합한 멤버를 정하여 OKR을 작성해보라.

04 _ 경영 BOARD

숨결만두식품의 경영 BOARD 샘플을 보자.

목표에는 연간 목표로 양적으로는 매출 300억, 외식 직영점 3개 지점 론칭, A급 편의점 전용 신제품 12가지 출시를 잡았다. 질적으로는 대한민국 일하기 좋은 기업으로 선정되는 것을 잡았다. 목표와 연동하여 계기판은 월 단위로 측정 관리 할 지표를 선정했는데 월 매출액 25억, 월 출시 제품수 3개, 재구매율 70% 이상, 불량률 0%, 직무만족도 90점 이상으로 정했다.

1년 중 일사분기에 우선적으로 집중하기로 정한 OKR은 세가지다. 첫 번째 목표는 '1~2가구를 타겟으로 한 역대 최고 히트 냉동 만두 제품 개발' 하는 것이다. 이 목표가 달성되었다는 것을 확인할 수 있는 핵심결과로는 신제품 출시 3개, 월 평균 고객 만족도 80점 이상, R&D인재 1명 추가 채용 이렇게 세 가지로 잡았다. 두 번째 목표는 '홈쇼핑 끝장내자!'로 정하고 이에 따른 핵심결과는 3대 메인 방송 진출, 상품 완판, 재입점 요청받기로 정했다. 세 번째 목표는 '경부선부터 점령하라!'로 정하고 핵심결과는 경부선 3대 거점 휴게소 입점 계약완료, 휴게소형 매장설계 완료, 운영 매뉴얼 개발, 운영 가맹점주 3명 확보로 정했다. 각 OKR마다 해결사로 적합하다 여겨지는 멤버까지 배치했다. 이렇게 조직화를 마쳤다면 실행의 문제만 남았다. 설정한 일사분기 OKR에 집중하여 실행한다. 그리고 이사분기, 삼사분기, 사사분기는 또 새로운 OKR로 달려보는 것이다. OKR의 결

04 _ 경영 BOARD

경영 BOARD 샘플

경영 BOARD

| 조직명 | 숨결만두식품 | 기간 | 2019.11.15 | 책임자 | 최고수 본부장 |

목표(연간)
- 매출 300억
- 외식 직영점 3개 지점 론칭
- A급 편의점 전용 신제품 12가지 출시
- 대한민국 '일하기 좋은 기업' 선정

계기판(월간)

① 월 매출액	② 월 출시 제품수	③ 재구매율	④ 불량률	⑤ 직무 만족도
25억	3개	70% 이상	0%	90점 이상

Quarter	Objectives	Key Results	Members
Q1	1~2가구를 타켓으로 한 역대 최고 히트 냉동 만두 개발	신제품 출시 3개, 월 평균 고객 만족도 80점 이상, R&D인재 1명 추가 채용	김맛나 팀장, 박선별 책임 연구원
Q1	홈쇼핑 끝장내자!	3대 메인 방송 진출, 상품 완판, 재입점 요청받기	최주도 팀장, 나기민 대리
Q1	경부선부터 점령하라!	경부선 3대 거점 휴게소 입점 계약완료, 휴게소형 매장설계 완료, 운영 매뉴얼 개발, 운영 가맹점주 3명 확보	이기회 팀장, 김실행 대리
Q2			
Q3			
Q4			

목표
- 연간 목표를 의미
- 양적 목표와 질적 목표를 고려하여 작성

계기판
- 1년 동안 매월 관리해야 할 핵심 경영지표를 의미
- 어느 정도 수준 이상이 되도록 관리해야 할 지표 선정
  ex 매출, 원가, 고객수, 고객만족도, 매장수 등

OKR
- OKR은 3개월간 집중해야 할 목표와 핵심결과를 의미
- 분기별로 집중해야 할 과제를 OKR 방식으로 작성
- 분기별 평가를 통해 집중해야 할 OKR은 변경 가능
- 리더급에서의 분기별 OKR 미팅 필요

전략수립 W모델

04 _ 경영 BOARD

과에 따라서 **경영 BOARD**에 나와있는 연간 목표나 월간 계기판은 수정이 가능하다. 한 분기가 지나면 심지어 1년의 목표와 전략까지도 수정할 수 있다는 가능성을 열어 두는 것이다. 왜 그래야 할까? 시장과 고객의 변화가 전과 다르게 역대급으로 빠르기 때문이다. 일사분기 때 진행했던 OKR의 결과가 사람이 뽑힐지 안뽑힐지 잘 모르고 신제품이 편의점에서 성공적으로 잘 팔릴지 안팔릴지도 모른다. 그래서 일단 설정한 OKR에 집중하고 그 결과에 따라 이사분기 OKR를 세워보는 것이다. 사실 분기별로 목표를 수정한다는 것이 쉽지는 않다. 그렇기 때문에 리더급에서 설정한 OKR에 대해 관심을 가지고 지원하는게 필요하다. 분기에 한 번은 만나서 전사적 OKR을 재결정하는 시간을 가져야 할 것이다.

이제 우리 회사의 **경영 BOARD**를 작성해보자. 연간 목표는 무엇인가? 관리해야 할 월간 계기판은 무엇인가? 당장 3개월간 집중해야 할 OKR은 무엇인가?

경영 BOARD 양식

경영 BOARD

| 조직명 | 기간 | 책임자 |

목표(연간)

계기판(월간)

①	②	③	④	⑤

Quarter	Objectives	Key Results	Members
Q1			
Q2			
Q3			
Q4			

04 _ 경영 BOARD

05 _ 실행 CALENDAR

실행이 곧 전부다. 카를로스 곤

KR을 잘 설정하는 5가지 방법

실제로 OKR을 수립하다 보면, '구체적이고 측정 가능한 KR'을 찾는 것이 생각보다 쉽지 않다. 어떻게 하면 KR 수립을 보다 더 쉽게 할 수 있을까. 우리는 언더백 현장의 경영자와 매니저들을 컨설팅하면서 몇 가지 KR 수립의 포인트를 발견했다.

"목표의 수준을 한 단계 올려라."

많은 경우, 목표가 원대하지 않기 때문에 KR을 세우는 것이 어렵다. 목표가 도전적이어야 하는데, 이미 목표가 KR의 수준으로 내려와 버린 경우 별도의 KR을 규정하기 어렵다. 만약 '재주문율 85%'가 핵심 결과지표(KR)이 아니라 목표(O)가 되어버리면, 담당자는 이렇게 생각할 것이다. '재주문율 85%의 KR이 어디 있어? 그냥 그걸 달성하면 되는 거지!' 목표의 수준을 올려야 쓸 수 있는 KR이 보이기 시작하게 된다. 목표가 도전적일 때 KR이 그 도전적인 개념을 구체화하는 방식으로 표현될 수 있다.

"이 액션을 통해 얻고자 하는 결과가 무엇인지 생각하라."

영업팀에게는 고객 방문이 일상적이면서 중요한 업무다. 'A제품 매출 150% 신장'이라는 목표를 가진 영업 담당자가 KR을 '신규 고객 100명 방문'으로 잡았다고 가정해 보자. 의미가 없는 KR은 아니지만, 정말 목표를 달성하기 위한 KR이 되려면, 담당자는 다음 질문을 해봐야 한다. '내가 고객 방문을 통해 얻고자 하는 결과물은 무엇일까?' 결과물 중심으로 KR을 고민하다 보면, '신규 고객 100명 방문'이 아니라 '견적 의뢰 100건'과 같은 KR을 수립할 수 있다. 어떤 다

05 _ 실행 CALENDAR

하지만 **지표**보다 더 중요한 것은 KR에 대한 상상력을 높이는 것이다.

이아몬드 도매업체에서는 이런 질문을 통해 '거래처 5곳 방문'이라는 KR을 '거래처와 샘플 제작 2건'과 같이 바꾼 사례가 있다. '샘플 제작'이 좀 더 실제 거래와 연결될 가능성이 높기 때문이다. '방문'이라는 KR을 가진 사람은 시간을 잘 맞춰 두고, 거래처를 방문하면 그만이지만, '샘플 제작'이라는 KR을 가진 사람은 전혀 다른 전략과 에너지를 가지고 일을 하게 될 것이다.

"목표가 달성되었을 때의 모습들을 상상하라."

'공급업체들에게 고품질의 차 제공자라는 명확한 인식 확립'이 된다면, 우리 회사는 구체적으로 어떤 숫자들을 가지게 될까?' 이렇게 거꾸로 질문하면 KR을 찾는 데 힌트를 얻을 수 있다. 목표를 달성하기 위해 KR을 찾는 것이 아니라, 목표가 달성되면 볼 수 있는 숫자들을 생각해 보는 것이다. '고객들이 가장 좋아하는 쇼핑몰 구축'이라는 목표를 가지고 있다면, 이 목표가 도달했을 때 어떤 숫자들을 달성하기를 기대하는지 생각해 보면 좋다. '일일 방문자수 몇 명', '재방문율 몇 %', '객단가 몇 원' 같은 지표들이 KR이 될 수 있다.

"수비적인 KR을 인정하라."

매출, 영업이익 같은 지표는 무언가 공격적이고, 멋있어 보인다. 하지만 주로 '경영지원부서'로 불리는 인사팀, 총무팀, 물류팀 등이 수비적인 역할을 잘 해내지 못한다면, 영업부서가 영업을 못하는 것보다 큰 손해를 입힐 수도 있다. 따라서 수비적인 KR도 인정해 주는 것이 중요하다. A회사의 물류팀은 '오류 없는 주문관리 시스템 구축'이라는 목표를 가지고 '주문입력 오류 제로', '출고납기 미준수 제로', '발행 계산서에 대한 고객 불인지 제로'라는 KR 세 가지를 정하고 매월 KR 달성을 위한 액션을 해가고 있다. 물론, 수비적인 조직도 보다 공격적인 제목을 가질 수 없는 것은 아니다. 축구에서 수비수가 골을 넣기도 하는 것처럼.

"다양한 KR을 상상하라."

성과를 향해 이미 수많은 사람들이 도전을 해왔고, 그만큼 많은 지표들이 개발되어 있다. 서점에서는 '핵심성과지표'라는 키워드를 쳐보면 책 몇 권을 만나볼 수 있다. 지표에 대한 지식이 많을수록, KR을 수립하는 데 도움이 될 것이다. 하지만 지표보다 더 중요한 것은 KR에 대한 상상력을 높이는 것이다. 영어를 유창하고 하고 싶은 학생에게 토익 점수보다 실행 에너지를 더 주는 것은 멋진 외국 친구들과 여행을 함께 하는 모습일 것이다. 조직에서도 KR을 표현하는 다양한 방식이 창조적으로 생산되고 그것을 격려하는 것이 좋다.

그냥 놔둬도 성과를 달성할 것만 같은 인텔, 구글의 직원들도 OKR과 같은 목표 달성 방식이 필요하다니, 한편으로는 격려가 되기도 하다. OKR을 적용하기까지는 KR 수립 외에도 넘어야 할 언덕들이 조금 더 있지만, 하나씩 정복하여 목표를 달성하고야 마는 개인, 조직이 되어 가시길 진심으로 응원한다.

05 _ 실행 CALENDAR

실행 CALENDAR 작성 안내

전략수립 W모델의 다섯 번째 도구는 **실행 CALENDAR**이다. 일반적으로 경영계획을 수립하고 난 다음 실행은 어떠한가? 잘해보자고 파이팅을 힘차게 외치고 나서는 바쁜 현업으로 인해 하기로 한 것을 잊어버리곤 한다. **실행 CALENDAR**는 사전에 연간 주요 일정을 반영하여 계획한 경영 캘린더이다. 물론 작은 기업은 1년 스케줄을 예상하는 것이 쉽지는 않다. 그럼에도 불구하고 한 번 경영의 시스템을 잡는다는 차원에서 세워보는 것이 좋다. 계획을 세우는 것이 변화의 출발임을 기억하자.

실행 CALENDAR 상단에는 핵심습관과 핵심문화 하단에는 캘린더로 나누어 있다. 첫 번째는 **'핵심습관'**이다. 우리회사가 목표를 달성하기 위해서 반드시 매일, 최소한 일주일에 한번 이상 반복적으로 하는 행동을 말한다. 말로 외치거나 생각이 아닌 관찰 가능한 형태의 행동이다. 우리 회사에서도 목표 달성을 위해 어떤 습관을 가져야 할지 생각해보라. 리턴콜(return-call) 습관, 인사 습관, 고객 확보 습관, 고객의 생소리 취합 습관, 고객 정보를 확보하는 습관, 회의하는 습관 등 다양한 습관을 생각해볼 수 있을 것이다. 너무 많이 정하지는 말고 실행할 수 있는 수준으로 정하는 것이 좋다. 습관 하나만 제대로 형성돼도 일하는 방식이 바뀜을 체감할 수 있다.

두 번째는 **'핵심문화'**다. 우리가 알고 있는 대부분의 지속가능한 조직들은 저마다의 핵심문화를 가지고 있다. 특정 시즌에 어떤 문화를 가지고 있는

05 _ 실행 CALENDAR

가? 우리 회사의 창립일에는 어떤 문화가 있는가? 연말 송년회는 어떤 문화가 있는가? <u>1년 전체를 볼 때 직원들이 예측 가능한 우리 조직의 문화를 결정짓는 핵심문화는 무엇이 있는가?</u> 한 번 정리해 보자. 가인지캠퍼스는 여름에는 단체로 해외로 나가 선진 기업을 탐방하며 공부하는 시간을 갖는다. 창립 기념일인 가을이 되면 각자의 사명을 돌아보는 에세이를 작성하여 낭독하고 서로를 격려해 주는 시간을 갖는다. 크리스마스 때는 크리스마스를 기념하는 노래를 멤버들과 함께 부르는 모습을 영상으로 촬영하여 고객사와 지인에게 보내며 기쁜 소식을 나눈다. 연말 송년회가 되면 가족과 지인들을 초대해서 주제 토크쇼와 문화 공연 등을 겸한 송년 파티 시간을 갖는다.

우리 회사의 산업 특성을 고려해서 직원들과 1년 전체를 볼 때 핵심문화 서너가지 정도가 무엇인지를 작성해 보자. 할 수만 있다면 일정까지 정해놓는 것이 좋다.

세 번째는 '**캘린더**'이다. 캘린더는 시장과 고객이슈, 마케팅과 영업, 생산과 프로세스, 가인지 네 가지 영역에 대한 일정을 작성할 수 있다. 첫째 '시장과 고객이슈' 영역이다. 만약 학원을 운영하는 원장이라면 인근 학교들의 1년치 학사계획이 어떻게 되는지를 잘 보아야 할 것이다. 언제 시험을 보고, 언제 소풍을 가는지, 언제 방학인지 등의 정보를 사전에 습득해야 1년 중 어떤 때가 학생들이 학원에 많이 올 때이고, 오지 않을 때인지를 분별하고 그에 맞는 전략을 세울

1년 전체를 볼 때 직원들이 예측 가능한 우리 조직의 문화를 결정짓는 핵심문화는 무엇이 있는가?

05 _ 실행 CALENDAR

찰스 두히그에 따르면 핵심습관을 문장으로 구성할 때 반복하게 될 행동 앞에 신호를 넣는 것이 실천력을 높인다.

ex) 품질의 문제가 생겼을 경우 (신호) + 24시간 내에 최고 경영진에게 보고한다(반복행동)

수 있을 것이다. 혹은 옷을 판매하는 회사라면 날씨의 변화를 주시해야 할 것이다. 패션관련 전시회는 언제 있고, 더 크게는 고객들의 변화는 어떠 한지, 정치권의 변화는 어떠 한지도 잘 볼 필요가 있다. 둘째 '마케팅과 영업' 영역이다. 신제품 출시가 언제로 계획되어 있는지, 경쟁자가 무엇을 출시하는지를 볼 필요가 있다. 셋째 '생산과 프로세스' 영역이다. 새로운 설비를 도입할 계획을 가지고 있다거나 공장을 인수할 계획을 가지고 있다거나 하는 등 관련된 변화를 볼 필요가 있다. 넷째 '가인지' 영역이다. 가인지는 가치, 인재, 지식을 의미한다. 쉽게 말하면 조직문화와 관련된 일정이다. 연봉 재계약은 언제 할 것인지, 승진식은 언제 할 것인지, 회사 워크샵은 언제 할 것인지, 월간 경영평가는 언제 할 것인지, 송년회는 언제 할 것인지 등을 생각해보는 것이다.

결과적으로 이 **실행 CALENDAR**는 회사에서 올해를 피드백하면서 정리했던 **경영 BOARD**를 일정 속에 집어넣는 것이다. 아무리 탁월한 계획도 1년의 계획 속에 언제 하겠다고 들어가지 않으면 실행하지 않게 된다.

숨결만두식품의 실행 CALENDAR 샘플을 보자.

핵심습관은 "매일 홈쇼핑 방송을 30분간 시청한다", "주말마다 만두코너를 투어 한다", "품질의 문제가 생겼을 경우, 24시간 내에 최고 경영진에게 보고한다", "일주일에 한 번씩 부서별로 모여 주간 피드백 미팅을 한다" 등으로 앞서 작성한 **경영 BOARD** 상

05 _ 실행 CALENDAR

실행 CALENDAR 샘플

실행 CALENDAR

| 조직명 | 숨결만두식품 | 기간 | 2019.11.15 | 책임자 | 최고수 본부장 |

핵심습관
- 매일 홈쇼핑 방송을 30분간 시청한다.
- 주말마다 만두코너를 투어 한다.
- 품질의 문제가 생겼을 경우, 24시간 내에 최고 경영진에게 보고한다.
- 일주일에 한 번씩 부서별로 모여 주간 피드백 미팅을 한다.

핵심문화
- 만두 경진대회 [7월]
- 국내 식품 박람회 [4월]
- 해외 식품 박람회 [9월]
- 지식페스티벌 [12월]

캘린더   기간 : 2020년 1월 - 2020년 12월

영역	1월	2월	3월	4월	5월	6월	7월	8월	9월	10월	11월	12월
시장 & 고객 이슈	겨울 방학	설날			가정의 달		여름 방학 ←→			추석		
마케팅 & 영업	군납 준비 (국군복지단)	설 선물세트 프로모션		국내 식품 박람회	여름 시즌 냉면집 왕만두 영업 ←→		방위 사업청 투찰		해외 식품 박람회	추석 선물세트 프로모션		신학기 급식영업
생산 & 프로세스	선물세트 집중생산 편의점 신제품 만두개발 ←→		품평회		왕만두 집중생산	방위 사업청 만두개발	생산설비 집중정비		선물세트 집중생산 ←→		급식전용 만두개발	
가인지		임직원 감동캠프	Q2 OKR 워크샵		한마음 체육대회	Q3 OKR 워크샵	만두 경진 대회	여름 휴가 ←→	Q4 OKR 워크샵		승진식 및 출정식	지식 페스티벌

핵심습관
- 회사의 목표달성을 위해 반복적으로 해야하는 행동
- 말로 외치거나 생각이 아닌 관찰 가능한 형태의 행동
  ex 리턴콜 습관, 인사 습관, 고객 확보 습관, 보고 습관 등

핵심문화
- 구성원들을 결속시키는 우리 조직만의 문화
- 산업의 특징, 전략의 연관성, 가치기반 등의 요소를 고려

캘린더
- 실행을 위한 경영 캘린더 시장과 고객 이슈를 파악하여 일정 세팅
- 시장과 고객 이슈를 고려하여 마케팅과 영업 일정 세팅
- 집중할 목표에 따라 생산 및 프로세스 일정 세팅
- 조직문화와 연관하여 가인지 (가치, 인재, 지식) 일정 세팅

05 _ 실행 CALENDAR

의 목표들을 달성하는데 중요하다고 여겨지는 습관들로 구성되어 있다.

핵심문화는 목표와 연관하여 7월에 만두 경진대회, 4월에 국내 식품 박람회, 9월에 해외 식품 박람회, 12월에 지식페스티벌이 세팅되어 있다. 캘린더는 2020년 1월부터 2020년 12월까지의 연간 경영 캘린더를 작성했다. 시장과 고객이슈에는 겨울방학, 여름방학, 설날, 가정의 달, 추석 일정을 잡아 놓았다. 특히 방학과 명절은 만두 제조회사로서는 대목이기 때문에 주요일정으로 관리할 필요가 있다. 대목을 잘 보내려면 마케팅과 영업 영역에서 대목에 맞춰 프로모션 잘 기획하여 진행해야 할 것이고, 생산과 프로세스 영역에서는 제품 생산일정을 차질없이 잘 맞춰 선물세트 공급에 문제가 없어야 할 것이다.

가장 밑에는 가인지 영역인데 가인지 영역에서는 임직원을 위한 감동캠프, 체육대회와 승진식, 출정식, 지식페스티벌, 분기별 OKR워크샵 등의 문화 일정이 세팅되어 있다. 이처럼 각 영역의 일정들은 상호 연동이 되어 돌아가기 때문에 실행과 밀접하게 연결되어 있음을 알 수 있다.

자 이제, 우리회사의 경영 일정에 따라 1월부터 12월까지든지, 3월부터 내년 2월까지든지 1년치 실행 캘린더의 기간은 달라질 수 있음을 염두에 두고 **실행 CALENDAR**를 작성해 보자.

반드시 실천되는 경영계획이 되기를 바란다.

05 _ 실행 CALENDAR

실행 CALENDAR 양식

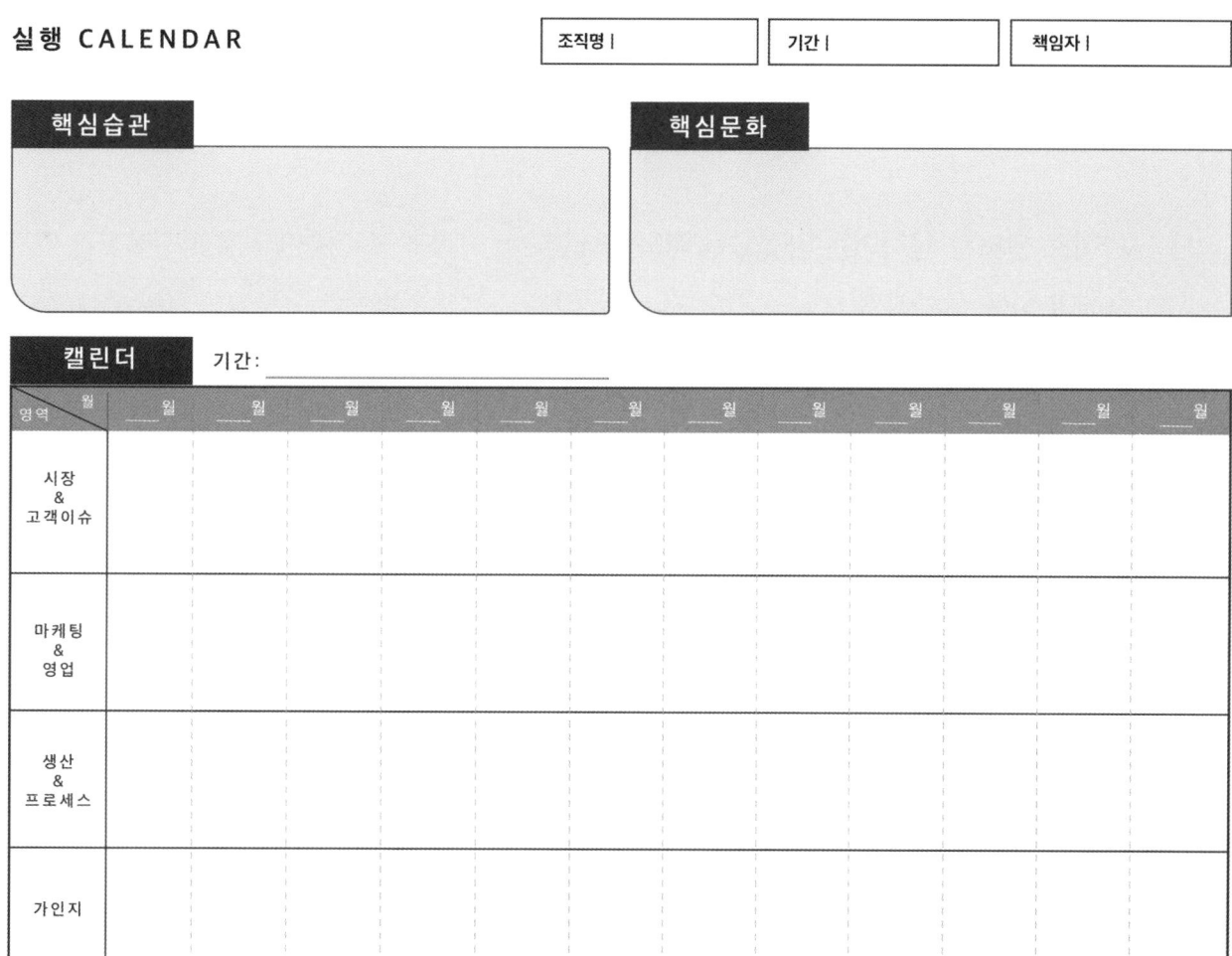

맺음말

기업에 '자이로 센서'가 필요하다

'자이로 센서'는 움직이는 타겟을 움직이면서 명중해야 하는 전차에 활용되는 기술이다. 최근에는 휴대폰의 동작 감지 기능에 적용되면서 일반에게 알려졌다. 하지만 '자이로 센서'는 적의 공격을 피하면서 타겟을 명중해야 하는 전차 전투에 먼저 적용된 기술이다. 자이로 센서는 이동하는 전차에만 필요한 것이 아니라 변화하는 시장과 고객의 니즈를 변화하는 조직을 통해서 명중해야 하는 기업의 원리에 필요한 기술이다.

오랫동안 많은 경영의 구루들이 변화하는 시장과 고객에 대한 전략에 대해서 말 해 왔다. 지금은 이제 '변한다는 사실 외에 정해진 것이 하나도 없다' 라고 할 정도로 공통된 원리가 적용되기 어려운 시기가 되었다. 결국 우리가 발견한 방향은 변화에 민감한 조직을 만드는 것이다.

대기업과 달리 기업의 성장 잠재력이 큰 언더백 조직(100인 이하 단위로 움직이는 조직)은 변화에 빨리 대응하고 기회를 살리는 것이 중요하다. 시장의 어떤 부분에서 큰 기회를 발견할지 모르는 단계이다. 빨리 대응하고 기회를 살려야 한다. 그런 점에서 언더백 조직은 더더욱 실행 중심의 전략 수립이 필요하다. 쉽게 말해서 예측성보다는 유연성이 더 중요하다는 뜻이다.

최근에는 대기업에서조차 조직을 작은 단위로 쪼개서 언더백 조직처럼 움직이려는 시도가 보인다. 그만큼 변화에 민감하게 대응하고자 하는 노력이다. 그런 점에서 최근에 스타트업 방식이나 애자일 조직 문화, 그리고 OKR을 기반으로 하는 목표관리가 확산되고 있는 점을 환영한다. 우리 기업들이 활력을 얻고, 보다 창의적인 기업가 정신을 발휘하기 위해서는 좀 더 현장 중심의 유연성이 증가해야 한다.

경영계획을 수립하거나 전략 수립을 할 때에 좁은 기획실에서 서류 뭉치에 뒤덮혀 **빼곡한** 숫자들을 가지고 싸우던 이미지에서 탈피해 이제는 현장에서 고객을 만나고 기획 부서와 영업 부서의 경계를 무너뜨리며, 고객 접점에서 발견한 관찰을 즉시 반영하는 문화가 확산하고 있다. 또한 전략 수립을 신사업 계획이나 연간 경영계획을 수립할 때 테이블에 얹었다가 한 두 달 지나면 잊어버리는 것에서 상시 전략 수립의 방향으로 전환하고 있는 것도 반가운 일이다. 전략을 수립한다는 것은 특정 부서에서 특정한 시기에 하는 것이 결코 아니다. 전략은 수행하는 모든 구성원들이 평상시에 수시로 수립하는 것이다. 모든 실행의 현장에서 가설을 수립하고 실행하며 검증하는 것이 바로 우리가 지향하는 전략이다.

전통적인 조직에서도 스타트업 방식을 도입하고 외부 변화에 민감하게 대응하고자 노력한다. 그것은 이미 전 세계가 디지털 혁명으로 정보가 거의 제한이 없이 공유되고 있으며, 소비자의 무궁한 선택지에 기업이 노출되었다는 점이다. 기업의 사소한 실수라 하더라도 그것이 시장에 치명적인 요소가 된다. 반대로 아주 작은 감동과 만족의 요소가 기업의 퀀텀 점프의 기회가 되기도 한다. 한 때 성공적이었던 기업이 외부의 변화에 민감하지 못하고 내부적인 관성과 흐름에만 머물러 있다가 종종 시장에서 조용히 사라지는 것을 보는 것은 이제 특별한 일도 아니다.

    이동 타겟을 이동하면서 명중한다는 것은 수많은 연습을 통해서 가능하다. 하지만 우리가 어떤 민족인가! 말을 타고 달리며 호랑이를 잡던 민족 아닌가! 언제나 **빠름**을 추구하며 전세계를 다니며 '빨리 빨리'라는 단어를 보급한 이 특성이 작은 것에 민감하고 최고 품질을 지향하던 이웃 어느 섬나라와 비교했을 때 이런 비즈니스와 경영 환경의 변화가 우리 민족에게 기회가 될 수도 있지 않겠는가!

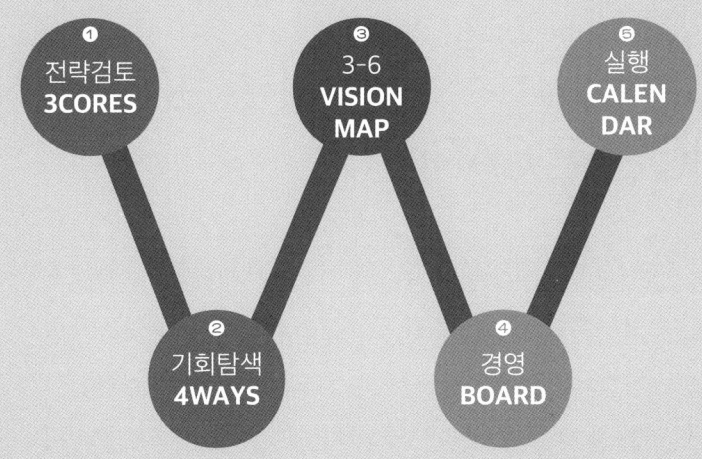

부록 Ⅰ

[부록1] 경영 전략 수립의 기초가 되는 방향 제시 도구 : VISION HOUSE CARD

[부록2] 현장에서 전략 실행 과정을 돕는 실행 도구 : OKR CARD

[부록3] 실행 결과의 공유와 확산을 돕는 성과 도구 : 지식나눔 카드

부록1

경영 전략 수립의 기초가 되는 방향 제시 도구:
VISION HOUSE CARD

경영 현장에서 처음 경영자를 만나는 경우 나는 꼭 물어보는 질문이 있다. "사업을 시작하신 계기는 무엇인가요? 왜 사업을 시작하셨어요?" 이렇게 질문을 하면 돌아오는 답변은 몇 가지 패턴이 있다. "특별히 어떤 이유가 있어서라기보다는 다 먹고 살려고 시작했죠. 그리고 제가 누구 밑에서 일하는 스타일도 아니고요.", "그동안 쭉 직장생활을 해왔는데 제가 일을 정말 잘했어요. 회사가 성장하면서 대표이사를 맡게 되었습니다.", "부모님이 그동안 경영을 해오셨는데, 최근에 제가 경영권을 물려받으면서 회사를 이끌게 되었어요."

나는 답변을 듣고 난 뒤 다시 질문을 한다. "그렇군요. 그렇다면, 앞으로 어떠한 회사를 만들어 가길 꿈꾸세요?" 이렇게 질문을 하면 대게 이런 답변이 돌아온다. "하루 하루가 바쁘니까 어떤 회사를 만들겠다는 생각을 딱히 해보진 않았던 것 같네요.", "글쎄요. 저는 이대로도 나쁘지 않아요. 직원 몇 명 데리고 일하면서 이정도 매출이면 먹고 살만하고 만족합니다."

내가 경영자에게 했던 위와 같은 질문은 기업의 사명과 비전을 묻는 질문이다. 세상에 가지각색의 비즈니스가 존재하는 것만큼이나 경영자가 사업을 시작하게 된 동기도 다양하다. 사업을 그냥 시작하는 경우는 없다. 다 저마다의 이유가 있기 마련이다. 경영자는 사업을 하면서 그 이유를 다시금 되새겨 봐야 한다. 사업의 시작 동기가 초기에는 '나 중심'이었다 할지라도 궁극적으로는 고객 가치를 창조하고 사회에 공헌하는 방향으로 발전해야 한다. '고객 중심'이 되어야 한다. 현대 경영학의 아버지라 불리우는 피터 드러커가 기업의 존재 이유인 사명을 반드시 "고객 가치에 기여하는 것"이어야 한다고 강조한데는 이유가 있다. 고객 가치에 지속적으로 기여하는 기업이야 말로 고객에게 선택 받고 사랑받으며 영속하는 기업이 될 것이기 때문이다. 어쩌면 이것이 비즈니스의 본질이다.

    국내 유가공업계의 대표적 기업은 서울우유, 매일유업, 남양유업이다. 세 곳 중 유일하게 '선천성대사이상질환' 환아를 위해 특수분유를 만드는 회사가 매일유업이다. 통계에 따르면 우리나라에서 선천성대사이상질환으로 고통받는 아이는 신생아 5만 명 중 1명 이하이다. 그렇기 때문에 특수분유는 수요가 많지 않고 생산하면 할수록 오히려 손해를 보는 구조다. 그런데 매일유업은 99년도부터 특수분유 생산을 지속해오고 있다. 이렇게 하는 이유가 무엇일까? "이 세상에 단 한 명의 아이도 건강한 삶에서 소외되지 않아야 한다"는 매일유업 창업주 고(故) 김용복 선대회장의 철학 때문이다. 이러한 철학을 근간으로 하여 매일유업의 사명은 "건강한 매일, 맛있는 매일, 새로운 매일을 연구하고 개척하여 모두가 건강하고 행복한 함께하는 사회를 만들겠습니다"이다. 매일유업은 사명을 따라 고객의 건강한 삶을 최우선에 두며 제품을 만든다. 그렇기 때문에 기업이 적자를 내면서까지 희소병 아이들을 위해 특수분유를 생산해 오고 있다. 매일유업에 종사하는 직원들은 이런 분유를 만들 수 있는 회사를 다니고 있는 것에 대한 자부심을 갖고 있다. 이처럼 사명은 기업이 이 세상에 존재하는 목적이며, 구성원들이 일하는 이유를 알려준다. 사명이 바르다면 함께 일하는 구성원들은 자신이 일하는 의

부록

미를 명확히 깨닫고 자부심을 가지며 일하게 된다.

    기업에서 비전은 기업이 도달하고자 하는 구체적이고 바람직한 미래상이다. 비전은 구성원들과 함께 세우는 것이 좋다. 함께 꿈꾸는 비전을 만들고 그것을 성취해 가는 과정 속에서 구성원들은 일하는 즐거움과 성취감을 얻게 되기 때문이다. 그래서 비전은 구성원들에게 에너지를 불어넣는 효과가 있다. 만약 경영자가 지극히 현재에 만족하여 어떠한 비전도 세울 생각이 없다면, 그것은 잠재적 큰 위험을 안고 가는 것과 같다. 왜 그럴까? 나는 현장에 있으면서 이 회사는 더 이상 비전이 없다며 회사를 떠나는 직원들을 여럿 보았다. 반면 경영자가 제시하는 가슴 뛰는 비전에 기업의 규모로만 보아서는 결코 오지 않을 것 같은 인재들이 모이는 경우도 보았다. 회사가 어려울 때는 어떨까? 회사의 사정이 어려울수록 경영자가 비전을 제시하고 구성원들과 함께 비전을 성취해가는 것은 매우 중요하다. 마침내 위기를 극복한 조직의 사례는 기업이 성장하는 과정 속에서 갖게 되는 큰 경험적 자산이 된다.

    우아한형제들 대표인 김봉진 대표는 한 강연에서 배달의민족 서비스를 출시하고 배달 애플리케이션 시장에서 1등이 된 뒤에는 비전을 만들기 위해 많은 고민했다고 말한 바 있다. 김봉진 대표는 비전을 만드는 것은 정말 중요한 일이며 조직 구성원들이 늘어날수록 비전 안에서 비전 중심으로 가야한다고 강조했다. 5년간 배달의민족의 비전은 '정보기술을 활용하여 배달산업을 발전시키자'였는데, 몇 년 전부터는 '좋은 음식을 먹고 싶은 곳에서'로 버전업

부록

하여 사용하고 있다. 이 비전에 공감하고 비전을 함께 성취하고자 하는 많은 인재들이 여전히 우아한형제들에 입사를 희망하고 있다. 이처럼 기업에서 비전이 우리가 되고자 하는 미래의 모습이라면, 비전을 달성하는 방법을 고민하는 것은 전략이다. 이는 전략을 제대로 수립하려면 앞서 기업의 비전이 그려져 있어야 함을 의미한다. 따라서 비전은 경영 전략을 잘 수립하기 위한 배경이기도 하다.

이러한 맥락에서 비전하우스는 기업의 경영 전략 수립의 기초가 되는 방향을 제시하는 도구로서 적합하다. 우리가 제시하는 비전하우스에는 사명, 비전, 핵심가치를 담고 있을 뿐 아니라 보통의 비전하우스와는 달리 핵심역량을 함께 포함한다. 왜냐하면 기업의 핵심역량은 전략적으로 사업의 포트폴리오를 다각화하는데 중요한 요소 중 하나이기 때문이다.

부록

비전하우스 카드(VISION HOUSE CARD) 작성 안내

그동안 우리 회사의 가치체계를 정리해보지 않았다면, 경영전략을 수립하기 앞서 비전하우스 카드를 통해 우리 회사의 가치체계를 먼저 정리해보라. 비전하우스 카드는 회사의 사명, 비전, 핵심가치, 핵심역량을 작성하도록 구성돼 있다.

가장 먼저 작성하는 칸은 **사명(Mission)**이다. 사명은 우리 회사가 존재하는 이유와 목적이다. 사명을 작성하기전에 경영자는 다음과 같은 질문을 통해 먼저 생각을 정리해보는 것이 좋다. "우리 회사가 이 세상에 존재해야 하는 이유는 무엇인가?", "우리는 고객에게 무슨 좋은 일을 해 주고 있는가?", "우리 회사가 어느 날 사라진다면 고객은 무엇을 잃어버리게 되는가?", "시간이 흘러도 우리는 여전히 고객에게 어떻게 기억되고 싶은가?" 사명 문장은 일반적으로 '누구에게(대상) 무엇을 바탕으로 무엇을 하기 위해(우리가 제공하는 가치) 존재한다'라는 문장 구조를 가진다. 예를 들어 코스트코의 사명처럼 '우리의 사명은 회원들에게 양질의 제품과 서비스를 최저가격에 지속적으로 공급하는 것이다' 또는 채선당의 사명처럼 '우리는 웰빙을 지향하는 가족들에게 신선하고 정직한 먹거리를 제공하여 발전된 식문화로 즐겁고 행복한 사회를 만드는데 기여하고자 존재한다' 이런 구조이다. 그러나 구조에 너무 얽매이기보다는 본질적 가치에 집중하며 문장을 만들어 보길 권한다.

그 다음 **비전(Vision)**이다. 비전은 우리 회사가 도달하고자 하는 구체적이고 바람직한 미래상이다. 좋은 비전은 몇 가지 특징을 가진다. 첫째, 좋은 비전은 구성원들에게 가슴 뛰는 지향점을 담고 있다. 그래서 보통은 비전을 가장 잘 표현할 수 있는 비전문구를 작성한다. 이를테면 배달의민족의 '좋은 음식을 먹고 싶은 곳에서', 신세계 그룹의 '고객의 행복한 라이프 스타일을 디자인하는 브랜드'와 같은 것이다. 둘째, 좋은 비전은 실행 가능하도록 구체적이고 계량적으로 표현된다. 화장품 제조회사를 예로 들면 'ODM과 OEM 매출 500억, 오프라인 매장 국내 100개 & 해외 30개, K뷰티 대표 브랜드 선정, 핵심인재 50명 양성' 등과 같이 비전목표를 함께 작성하는 것이다. 셋째, 좋은 비전은 목표로 하는 비전의 달성기한이 정해져 있다. 보통 3년에서 6년 사이의 비전을 정한다. 목표로 한 시점에 비전을 달성하면 또 다른 비전을 설정하는 것이다. 비전은 앞서 이야기한 것처럼 비전의 속성상 구성원들과 함께 세우는 것이 효과적이다. 비전을 수립할 때 구성원들과 함께 다음과 같은 질문에 답을 해보는 것이 도움이 될 것이다. "3년~6년 정도가 되었을 때 우리 회사가 어떤 모습이 되어 있기를 원하는가?", "그 때 회사 뿐 아니라 우리 구성원 전체의 모습이 어떠하길 기대하는가?", "그 때 고객이나 시장이 우리를 어떤 모습으로 바라보겠는가?", "그 때 언론은 우리를 어떤 모습으로 바라보겠는가?" 비전 칸을 작성할 때는 달성기한을 포함한 비전문구와 구체적인 비전목표를 함께 작성해 보길 바란다.

비전 칸의 작성을 마쳤다면 **핵심가치(Value)** 칸을 작성한다. 회사에서 핵심가치는 구성원들이 행동하고 판단을 할 때 지침이 되어주는 원칙과 기준이다. 국가로 비유하면 헌법과 같다. 핵심가치는 대게 명사

부록

로 표현하며, 핵심가치에 대한 의미를 명확하게 하기 위해 핵심가치가 의미하는 바를 문장으로도 서술하기도 한다. 국제어린이양육기구인 컴패션은 '정직, 탁월, 청지기 정신, 존귀' 네 가지를 핵심가치로 삼는데, 정직이라는 핵심가치는 '정직을 최우선으로 한다'고 정리되어 있다. 핵심가치는 해당 공동체가 아주 중요하게 생각하는 정신과 같다. 그 뿌리는 창업주의 철학에서 비롯된다. 아무리 중요해도 실천하지 않으면 소용없는 것처럼 특히 핵심가치는 일관성을 가지고 적용하는 것이 중요하다. 컴패션이 미국의 유력한 자선단체 재정 신용도 평가 기구인 채러티내비게이터로부터 9년 연속 상위 1%에 선정된 것을 보면 '정직, 청지기 정신'이라는 핵심가치를 얼마나 일관성 있게 지키고 있는지를 알 수 있다. 이렇게 일관성 있게 적용하고 지켜간다면 고객과의 신뢰는 물론이고 함께 일하는 동료 간의 신뢰도 형성 된다. 핵심가치에 대해서는 이러한 질문들이 생각을 정리하는데 도움이 될 것이다. "우리 조직은 어떤 가치를 소중히 생각하는가?", "우리 조직의 리더가 반복적으로 강조하는 일하는 방식은 무엇인가?", "우리 조직의 구성원들이 중요하게 생각하는 문화는 무엇인가?", "우리 조직이 지금의 모습이 되기까지 꾸준히 유지해 오고 있는 가치관은 무엇인가?" 핵심가치는 먼저 명사로 작성해 보기 바란다.

끝으로 **핵심역량(Competency)**이다. '기업의 장기적인 성장을 위해 고객 가치에 기여하는 기능이나 지식의 덩어리'를 말한다. 애플의 제품 디자인 능력이나 삼성전자의 마케팅 능력, 도요타의 자동차 생산기술이나 혼다의 소형엔진기술과 같은 것이다. 핵심역량을 발견하고자 할 때 다음 질문들이 도움이 될 것이다. "우리 회사의 고객 가치에 기여하는 기능이나 지식은 무엇인가?", "우리 회사의 핵심적인 기술이나 노하우는 무엇인가?", "고객들이 말하는 우리 회사의 차별적인 가치는 무엇인가?", "우리 회사의 핵심인재들이 가지고 있는 핵심 지식은 무엇인가?" 핵심역량의 후보들을 정리한 다음에는 진짜 핵심역량이라고 할 수 있는지를 판별해보는 것이 좋다. 판별 기준에는 여러가지가 있지만 다음의 세 가지 정도는 기준 삼아 판별을 시도해 보면 도움이 될 것이다. 첫째, 고객가치이다. 고객가치는 우리가 핵심역량이라고 한 것이 "고객이 느끼는 가치에 기여하는가?"이다. 다시 말해 우리의 핵심역량이라고 한 것을 통해 정말 고객이 만족하고 있는가를 묻는 것이다. 둘째, 차별성이다. 차별성은 경쟁자가 쉽게 따라 할 수 없는 차별성을 말한다. 그래서 이렇게 질문을 해보는게 좋다. 우리가 핵심역량이라고 한 것이 "경쟁자를 따돌릴 수 있는 차별성이 있는가?" 셋째, 확장성이다. 확장성은 마치 혼다가 소형엔진기술이라는 핵심역량을 가지고 제초기, 오토바이, 자동차, 보트, 비행기, 로봇까지 새로운 확장 상품을 만들어내는 것과 같다. 그래서 이렇게 질문을 해봐야한다. "우리가 핵심역량이라고 한 것으로부터 추가적인 상품이나 서비스를 만들어 낼 수 있는가?" 이러한 판별기준을 가지고 핵심역량을 다섯 개 이하로 작성하여 우선순위를 매겨보아라.

부록

숨결만두식품의 비전하우스 샘플을 보자.

숨결만두식품의 사명은 "우리는 맛있고 건강한 먹거리를 통해 세계 식문화를 선도한다"라고 되어있다. 여기서 '맛있고 건강한 먹거리'는 숨결만두식품이 고객에게 제공하고자 하는 가치임을 알 수 있다. 그리고 세계 시장을 대상으로 식문화를 선도하고자 하는 큰 방향성도 알 수 있다. 비전은 비전문구와 비전목표로 표현되었다. 먼저 비전문구를 보면, 숨결만두식품은 '2023년까지' 목표를 달성하고자 하는 기한과 함께 '만두 테마파크로 새로운 경험과 깊은 감동을 고객에게 제공하다'라는 비전문구를 작성하였다. 그리고 되고자 하는 모습을 구체적이고 계량적인 비전목표로 표현했다. 핵심가치는 세 가지로 표현했다. '바른 길을 선택하는 바름', '새로운 시도를 생각하는 다름', '사랑으로 실천하는 나눔'이다. 숨결만두식품은 핵심가치 명사 앞에 간단한 수식어구를 두어 핵심가치의 의미를 보다 명확하게 했다. 끝으로 핵심역량도 세 가지를 작성했다. '식품 연구개발 조직', '매장관리 시스템', '가족 같은 조직문화'이다. 여기서 보면 '가족 같은 조직문화'를 핵심역량이라고 표현했다. 이미 여러 연구에서 조직문화가 조직의 성과와 밀접하게 연결되어 있음을 말해주고 있는 것처럼 '조직문화'도 기업의 핵심역량이 될 수 있음을 기억하자.

부록

VISION HOUSE 샘플

VISION HOUSE

| 조직명 | 숨결만두식품 | | 기간 | 2019.11.15 |

MISSION

우리는 맛있고 건강한 먹거리를 통해 세계 식문화을 선도한다

VISION

2023년까지 만두 테마파크로 새로운 경험과 깊은 감동을 고객에게 제공한다

매출 400억 / 직원 300명 / 4만평 규모 테마파크 설립 / 만두 전문 외식 브랜드 1위

CORE

VALUE
- 바른 길을 선택하는, 바름
- 새로운 시도를 생각하는, 다름
- 사랑으로 실천하는, 나눔

COMPETENCY
- 식품 연구개발 조직
- 매장관리 시스템
- 가족같은 조직문화

MISSION |
- 기업이 존재하는 이유와 목적
- 사업의 의미와 동기를 발견하고 향후 조직의 방향을 제시
- 사명은 고객 가치를 창조하고 사회에 공헌할 수 있어 함
- 조직내 구성원들이 현재 하고 있는 일을 왜 하는지 말해줄 수 있어야 함

VISION |
- 기업이 도달하고자 하는 구체적이고 바람직한 미래상
- 조직내 구성원들에게 가슴 뛰는 지향점을 주어야 함
- 실행 가능하도록 구체적이고 계량적으로 표현
- 도달하고자 하는 기한을 함께 명시

CORE VALUE |
- 조직내 구성원들의 행동과 판단의 우선순위가 되는 원칙과 기준
- 핵심가치는 일관성을 가지고 적용해야 함
- 구체적 행동지침을 만들어 실천을 도모

CORE COMPETENCY |
- 기업의 장기적인 성장을 위해 고객가치에 기여하는 기능이나 지식의 덩어리
- 고객 가치성, 차별성, 확장성 등의 기준을 가지고 경쟁력을 점검
- 사업의 확장에 따라서 필요 핵심역량 파악도 중요

부록

이제는 샘플과 같이 우리 회사의 비전하우스를 작성해보자. 앞서 말한 주제별 질문들을 활용하여 구성원들과 함께 생각을 나누며 작성해보라. 분명 의미 있는 시간이 될 것이다.

VISION HOUSE 양식

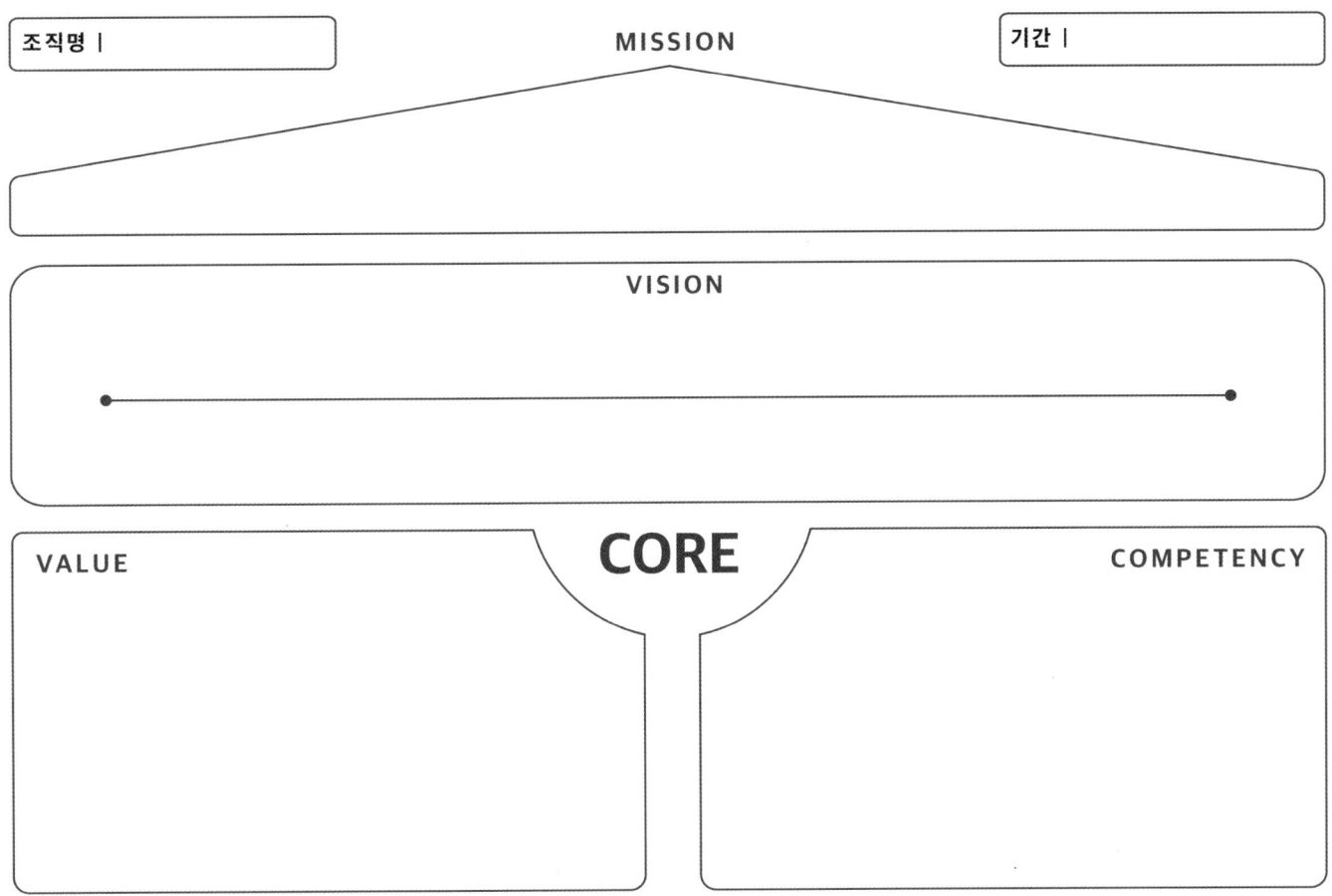

부록

전략수립 W모델 | 89

부록2

현장에서 전략 실행 과정을 돕는 실행 도구: OKR CARD

OKR이 실행되기 위해서는 가장 먼저 각 주제별로 OKR카드를 작성하는 것이다. 이 과정에서 팀을 구성하고 첫번째 모임을 통해 OKR을 정한다. 부서나 팀이 고정되어 있는 경우에는 팀 내의 OKR을 정할 수 있다. 팀의 경계를 넘어선 OKR을 정할 때는 다른 부서나 팀의 멤버와 함께 OKR을 작성해야 한다.

OKR CARD 작성 안내

이 양식의 맨 처음은 **PLAN** 부분의 OKR을 작성하는 것으로 시작한다. OKR 매니저는 멤버들과 OKR 작성 원칙을 따라 계획을 수립하고 목표와 핵심 결과를 작성한다. 그리고 작성한 OKR을 리더로부터 승인을 받는 순간 하나의 새로운 OKR이 시작된다. 리더는 OKR을 승인할 때 전사적인 관점에서 해당 OKR이 어떤 맥락에서 의미가 있는지 확인해야 한다. 예를 들어 식품 회사의 영업부가 홈쇼핑 매출을 최고로 달성하기 원한다면 개발실이나 디자인실 등에서의 협력이 필요한 일이다. 그러므로 적절한 타이밍에 협조가 될 수 있도록 생산이나 디자인실의 협력을 얻기 위해 해당 부서의 구성원을 홈쇼핑 OKR의 멤버로 추가해 줄 수 있을 것이다.

PLAN 부분의 OKR 작성을 마쳤다면, OKR 매니저는 해당 멤버들과 함께 매일 정해진 시간에 정해진 장소에 모여 스크럼 미팅을 갖는다. 스크럼 미팅은 실행을 토의하는 짧은 점검 미팅으로 15분 이내로 간단하고 빠르게 서서 진행하는 것이 특징이다. 멤버들은 스크럼 미팅 때 돌아가면서 다음의 질문에 대답한다. "어제부터 지금까지 하루 동안 내가 완수한 것이 무엇인가?", "다음 스크럼 미팅까지 내가 하기로 한 것이 무엇인가?", "현재 장애가 되고 있는 것(지원이 필요한 부분)이 있다면 무엇인가?" 이렇게 스크럼 미팅을 통해 현재 일의 진척과 상황을 공유하고 조율이 필요한 부분을 조율한다.

그리고 OKR 매니저는 통상 매주(경우에 따라 매일도 가능하다) 핵심 실행 사항과 결과를 기록하는데 이것이 **스크럼 메모(SCRUM MEMO)**이다. 양식에는 12번의 스크럼메모를 염두에 두었지만 경우에 따라 더 많은 수도 있고, 더 짧은 스크럼 미팅으로 OKR이 종료될 수 있을 것이다. 스크럼(SCRUM)이란 말은 본래 럭비의 경기 대형에서 이름을 따온 애자일 프레임워크의 일부다. 럭비에서의 스크럼은 럭비 세트플레이 상황에서 가장 많이 나오는 만큼 팀의 승패에 큰 영향을 미친다. OKR의 승패 역시 꾸준한 스크럼 미팅과 스크럼 메모를 통해 매일 혹은 매주 목표를 점검하며 추적 관리하는 것에 있다고 보아도 과언이 아니다.

OKR을 종료할 때는 **REVIEW** 부분에 최종적인 핵심 결과(Key Results)와 이 실행을 통해서 발견한 통찰(Insight)을 기록해서 리더에게 제출한다.

부록

숨결만두식품의 OKR CARD 샘플을 보자.

제목은 '홈쇼핑 채널을 통한 매출 달성'으로 잡았다. PLAN에서는 3개월 집중하고자 하는 목표(O)는 '설날 선물 세트 홈쇼핑 최고 기록 찍기'로 정하고, 목표 달성을 위해 반드시 달성해야 하는 핵심 결과(KR)는 '3대 매인 채널 완판 달성(3억)', '고객 D/B 100,000개 확보', '자사몰 연계 매출 30% 향상' 이렇게 세 가지로 정했다.

OKR 매니저는 1월부터 3월까지 매주 스크럼 메모를 통해 핵심 실행사항과 핵심 결과에 대해 기록을 남기면서 목표에 대한 추적 관리를 했다. OKR을 종료하고 나서는 REVIEW 부분에 최종적인 핵심 결과(KR)로 PLAN에서 작성했던 핵심 결과 대비 어떤 결과를 얻었는지를 작성했다. '2대 매인 채널 진출 및 5억 매출 달성', '고객 D/B 20,000개 확보', '자사몰 연계 매출 10% 향상' 등의 핵심 결과를 볼 때 기대했던 것을 잘 달성한 것도 있고 기대에 미치지 못한 것도 있다. 이런 부분들을 잘 피드백 해본다면, '홈쇼핑 운영 시스템과 지식을 확보함'과 같이 3개월간의 실행을 통해서 발견한 통찰(Insight)을 작성할 수 있을 것이다.

앞서 경영전략 수립을 통해 해결해야 할 제목이 나왔다면, 이제는 OKR CARD 작성을 통해 실행력을 높여보자.

OKR CARD 샘플

홈쇼핑 채널을 통한 매출 작성 — OKR CARD

책임자 | 전지현
기간 | 2020.01.07 - 2020.03.30
멤버 | 정우성, 김수현, 이유리, 이효리

PLAN

Objectives	Key Results
설날 선물 세트 홈쇼핑 최고 기록 찍기	3대 매인 채널 완판 달성(3억)
	고객 D/B 100,000개 확보
	자사몰 연계 매출 30% 향상

REVIEW

Key Results	Insight
2대 매인 채널 완판 달성(3억)	홈쇼핑 운영 시스템과 지식을 확보함
고객 D/B 20,000개 확보	
자사몰 연계 매출 10% 향상	

SCRUM MEMO

No.	DATE	핵심 실행	핵심 결과
1	1/6	챔피언 상품 후보 선정	3대 상품 선정 및 선물용 세팅
2	1/13	판매 전략 수립 및 사은품, 가격 결정	접시 세트 사은품 업체 확보 및 가격 결정함
3	1/20	MD 미팅 및 방송 일정 조율	3대 채널 MD들과 소통 완료함, 긍정 피드백
4	1/27	방송 일정 세팅 및 생산/물류 점검	만반의 준비 끝남!
5	2/3	H쇼핑몰 판매	1억, 30,000세트 판매, 완판!
6	2/10	C쇼핑몰 판매	8천만원, 24,000세트 판매, 완판!
7	2/17	D쇼핑몰 방송 실행 준비	물량 품질 문제로 방영을 취소함, 재 일정 조율 중
8	2/20	홈쇼핑 결과 분석, 고객 D/B 분석	자사몰 및 오픈몰 회원 확보 20,000명 확보함
9	3/9	D/B 활용 카카오톡, SNS 쿠키 연계 마케팅	네이버 키워드 및 카톡 선물하기 광고 실행, 추가 매출 3천만원 확보함
10	3/16	D쇼핑몰 MD 미팅 및 향후 일정 조정	5월 초에 재입점 방송하기로 함
11	3/23	고객 댓글 분석 및 성과 확대 분석	댓글 활용 인스타, 페북 카드뉴스 발행함
12	3/30	OKR 전체 피드백 및 지식뱅크 저장	지식뱅크에 20개의 지식으로 나눠서 공유함, OKR 종료

부록

PLAN
- OKR CARD는 PLAN 부분의 OKR을 작성하는 것으로 시작
- 3개월간 집중해야 할 OKR(목표와 핵심결과) 작성
- O(목표)는 최종적으로 성취하고자 하는 바
- KR(핵심결과)은 O(목표) 달성을 위해 달성해야 하는 결과물

SCRUM MEMO
- SCRUM은 OKR 실행 멤버들이 모여 짧게 하는 점검 미팅을 의미
- SCRUM MEMO는 매주(or 매일) 핵심 실행 사항과 그에 따른 결과를 기록하는 것을 의미
- SCRUM MEMO는 매니저가 핵심적인 기록을 남기는 것이 목적
- SCRUM MEMO는 경우에 따라 12회 보다 더 많거나 적을 수도 있음

REVIEW
- REVIEW는 OKR을 종료하고 난 뒤 작성
- KR(핵심결과)에는 실제 달성한 결과를 작성
- Insight에는 OKR 실행을 통해 발견한 인사이트를 기록
- REVIEW를 작성한 이후 OKR CARD는 리더에게 제출

부록

OKR CARD 양식

부록

_____ **OKR CARD**

| 책임자 | | 기간 | |
| 멤버 | |

PLAN

| Objectives | Key Results |

REVIEW

| Key Results | Insight |

SCRUM MEMO

No.	DATE	핵심 실행	핵심 결과
1			
2			
3			
4			
5			
6			

No.	DATE	핵심 실행	핵심 결과
7			
8			
9			
10			
11			
12			

전략수립 W모델

부록3

실행 결과의 공유와 확산을 돕는 성과 도구: 지식나눔카드

우리는 기업 현장의 리더들에게 이러한 OKR을 통해서 발견한 노하우나 지식을 별도의 지식뱅크에 저장할 수 있도록 할 것을 권하며 컨설팅하고 있다. 일의 결과 뿐 아니라 일을 통해서 조직이 어떤 지식을 새롭게 얻었는지가 더 중요한 결과일 수 있기 때문이다.

조직 내 존재하는 지식은 크게 암묵지(Tacit Knowledge)와 형식지(Explicit Knowledge)로 구성되어 있다. 암묵지는 그 내용을 언어나 부호로 표현하기 곤란하고, 구성원의 행동과 머리 속에 체화 되어있는 지식이다. 형식지는 그 내용을 언어나 부호로 표현가능한 유형화된 지식이다. 이해를 돕기 위해 예를 들어보겠다. 어느 날 아내는 남편이 좋아하는 된장찌개를 맛있게 끓여주고 싶었다. 결혼하기 전, 늘 어머님표 된장찌개를 좋아했던 남편을 생각해서 아내는 이왕이면 시어머님에게 된장찌개 끓이는 방법을 직접 배워서 끓여 주기로 마음을 먹었다. 한번은 된장찌개 끓이는 방법에 대해 물어보는 며느리에게 시어머니는 자세하게 만드는 순서를 비롯하여 주의 사항들을 가르쳐주었다. 이때 며느리는 시어머님의 노하우를 한마디도 놓치지 않으려고 열심히 메모했다. 아내는 주말에 메모한 내용에 따라 된장찌개를 끓였다. 남편이 완성된 된장찌개를 보니 엄마가 늘 해주시던 된장찌개의 모습과 향이 동일하여 맛을 보기 전부터 기대감이 상승했다. 본격적으로 맛을 보았더니 어찌된 일인지 추억하는 모습과는 달리 찌개가 너무 짜다. 아직은 아내가 된장찌개 요리에 서툴었기 때문에 레시피를 잘 따름에도 불구하고 맛이 부족했다. 아내는 수시로 된장찌개를 연습했고, 어느 순간부터는 어머님의 레시피를 굳이 보지 않아도 만드는 것에 무리가 없을 만큼 능숙한 솜씨를 뽐냈다. 결과적으로 남편이 만족할 만한 맛을 구현하는데도 성공했다.

예를 들었지만, 아내가 어머니의 된장찌개 끓이는 방법이라는 지식을 정리한 레시피가 바로 형식지에 해당한다. 사람은 누구나 무슨 일을 배우든지 처음에는 유형화 된 지식을 통해 배우게 된다. 그리고 반복 훈련을 통해 경험적으로 능숙해지면 마치 아내가 레시피 없이도 된장찌개를 잘 끓이게 된 것처럼 지식은 체화 되어있는 지식의 형태가 되는데 이를 암묵지라고 하는 것이다.

기업에서 OKR이 종료가 되면 일의 결과 뿐 아니라 일을 통해서 조직이 어떤 지식을 얻었는지를 살펴보고 정리하는 것이 중요한 이유가 여기에 있다. 여전히 동일한 실수가 반복되고 있거나, 핵심 소수 인력에 대한 의존도가 매우 높거나, 우리가 제공하는 서비스의 대가로 가격을 올려 받을 수 없다면 조직에 지식이 필요한 순간이다.

판매전문 법인인 '뷰티플휴먼'에서는 전국에 흩어져 있는 1,000여명의 판매사원들이 매월 자신의 판매 노하우를 사내 지식뱅크에 올린다. 지식뱅크에는 '프라이팬을 판매하는 방법', '고구마 찜기를 효과적으로 판매하는 노하우', '침대 커버 판매 노하우' 등 현장에서 효과를 보았던 수많은 지식들이 누적되어있다. 이 조직이 강력한 판매전문조직이 될 수 밖에 없는 이유다.

우리는 컨설팅을 하면서 언더백 기업이 보다 쉽게

부록

지식을 서로 공유할 수 있도록 '지식나눔카드'를 고안했다. OKR이 끝나면 구성원들이 발견한 지식을 나눌 수 있는 장을 마련하는 것이 좋다. 간단히 '지식토크' 시간을 가져보는 것이다. 이때 지식을 정리하고 공유하는 도구로서 '지식나눔카드'를 사용하면 된다. 나의 경험에 의하면 '지식토크'는 지식의 공유와 나눔과 더불어 구성원 상호 간에 존중과 격려의 문화를 확산시키는 것에도 효과가 있다.

지식나눔카드 작성 안내

지식나눔카드는 '제목, 얻고자 한 것, 얻은 것, 나누고 싶은 지식'의 순서로 단순한 구성을 갖고있다. 제목은 '효과적인 회의 진행법', '발주 품목 코드화로 시간도둑 잡기', '건설공사 실적증명서 발송 방법' 등과 같이 공유하고자 하는 지식을 잘 나타내는 대표 제목으로 작성한다. 얻고자 한 것은 OKR을 통해 달성하고자 했던 목표를 결과물 중심적으로 작성한다. 얻은 것에는 실제 일어난 결과를 작성한다. 끝으로 나누고 싶은 지식에는 보는 이가 이해하기 쉽고 따라하기 쉽게 지식을 서술하는 것이다. 표현 방식에 따라 구체적인 진행 절차도 서술 가능하다. 지식나눔카드를 작성할 때는 지식의 두 가지 기준을 염두에 두고 작성하는 것이 좋다.

첫째 내가 작성하고자 하는 지식이 다른 멤버도 적용하면 성과를 동일하게 재생산할 수 있는 지식인가?
둘째 다른 멤버도 내가 정리한 지식을 보면 쉽게 따라할 수 있는 확산 가능한 지식인가?

숨결만두식품의 지식나눔카드 샘플을 보자.

김맛나 팀장이 OKR를 마치고 나누고 싶은 지식의 제목은 '배합 계량 스티커 사용 지식'이다. 얻고자 했던 목표는 '재료의 배합을 일정하게 관리하는 것'이었다. 그로 인해서 그간 있었던 원재료 누락이나 원재료 과다 투입 등의 실수를 예방할 수 있게 되기를 기대했다. OKR 종료 후 결과적으로 얻은 것은 '만두 속 재료의 양과 배합 비율이 균일해진 것'을 얻었고, '원재료 누락 발생률 0%', '사고 발생시 역추적 100%'라는 결과를 얻게 되었다. 어떻게 이러한 결과를 얻을 수 있었을까? 김맛나 팀장은 재료 배합관리를 위해서 계량 스티커라는 아이디어를 떠올렸고 현장에 라벨 프린터기를 도입해 원재료 계량 시 스티커를 출력하여 사용했다. 계량 스티커를 계량 일지에 부착하여 기록을 남겨 추적관리가 가능하도록 시스템을 마련했던 것이다.

이제 OKR이 종료되면 OKR CARD를 리더에게 제출할 뿐 아니라 해당 멤버들과 함께 OKR를 진행하면서 얻게 된 사실과 교훈들을 나누어 보면서 지식을 정리하는 시간을 가져보자. 경영전략을 잘 수립하기 위해 비전하우스가 배경이 된다면, OKR CARD 전략 실행 과정을 돕고, 끝으로 지식나눔카드는 실행의 결과를 공유하고 확산하는 것을 효과적으로 도울 것이다.

지식나눔카드 샘플

○지식나눔카드○

실행기간 | 2020.03.01-03.31   **작성자** | 김맛나 팀장

제목: 배합 계량 스티커 사용 지식

얻고자 한 것
- 재료의 배합을 일정하게 관리하는 것
- 원재료 누락, 과다 투입 등의 실수 예방 및 역추적하기

얻은 것
- 만두 속 재료의 양과 배합 비율 균일
- 원재료 누락 발생률 0%
- 사고 발생시 역추적 100% 가능

KNOWLEDGE 나누고 싶은 지식

- 재료 배합관리를 위해서 계량 스티커를 사용합니다.
1) 현장에 라벨 프린터기를 도입하여 각각의 원재료 계량 시 스티커를 출력한다.
2) 출력한 계량 스티커는 계량일지에 부착하여 기록을 남긴다.

부록

얻고자 한 것 |
- 나누고 싶은 지식을 대표할 수 있는 제목을 작성한 뒤
- 프로젝트를 통해 얻고자 했던 목표가 무엇이었는지를 작성
- 구체적인 결과물 중심적으로 작성 필요

얻은 것 |
- 프로젝트를 종료하고 실제 얻은 결과
- 실행 과정에서 새롭게 알게 된 사실, 얻은 교훈도 포함 가능
  ex) 직접성과: 재무, 간접성과: 지식, 프로세스, 인재양성 등)

나누고 싶은 지식 |
- 나누고 싶은 지식의 내용을 작성
- 표현 방식에 따라 구체적인 진행 절차도 서술 가능
- 나누고자 하는 지식의 질적 수준을 높여가는 노력 필요
- 지식의 두 가지 기준을 염두에 두고 작성하는 것이 좋음
  1) 성과를 동일하게 재생산할 수 있는 지식인가?
  2) 다른 사람도 쉽게 따라할 수 있는 확산 가능한 지식인가?

지식나눔카드 양식

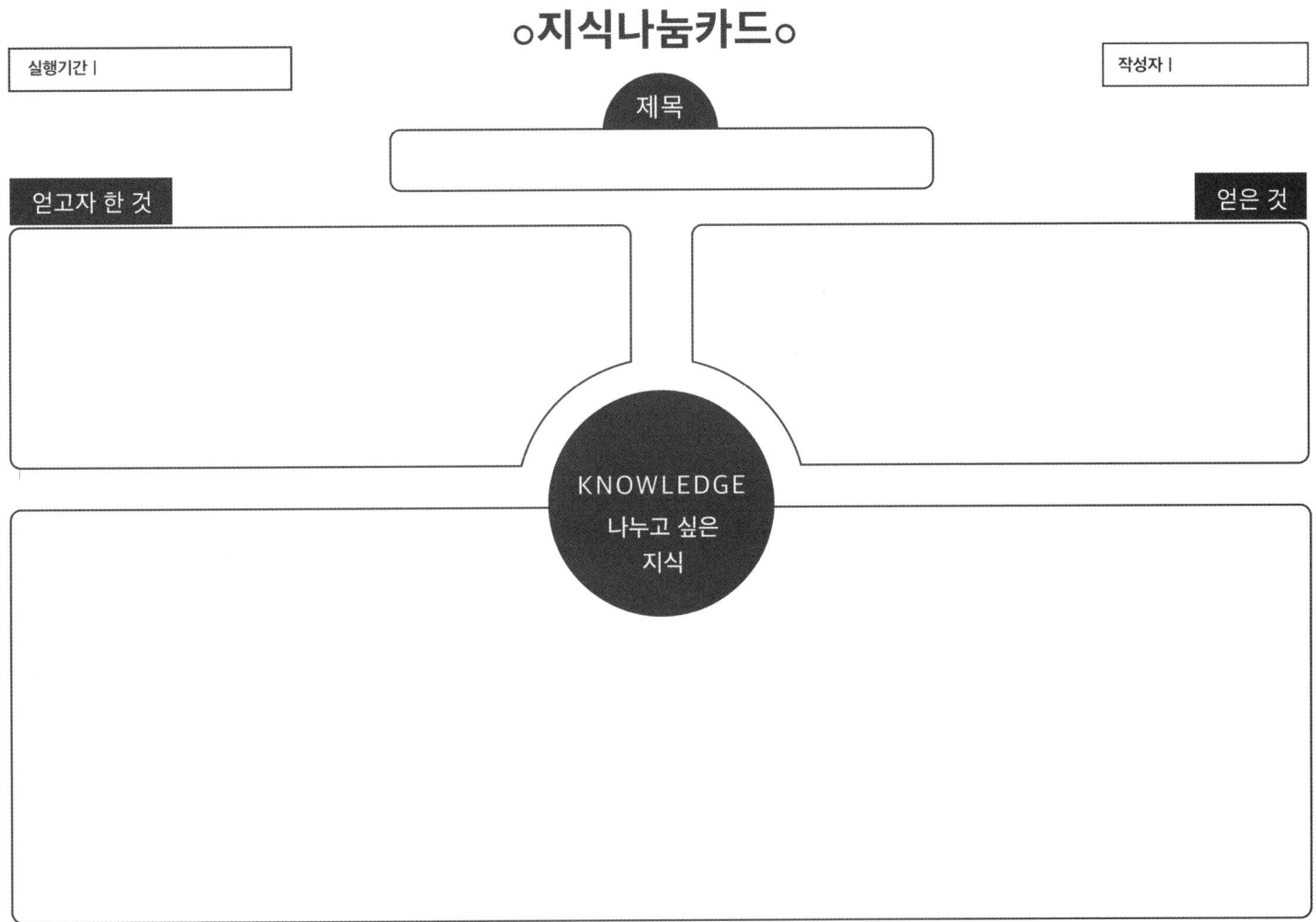

실행중심 조직을 위한
전략수립 W모델

COPYRIGHT © 2019 by GAINGE BOOKS. All rights reserved.

초판 1쇄 발행 2019년 12월 1일

저　자 ｜ 박진호, 김경민

편　집 ｜ 김도희

디자인 ｜ 이기쁨

펴낸곳 ｜ 가인지북스

주　소 ｜ 서울시 마포구 합정동 197-3 (토정로 12-3) 가인지빌딩 1층

전　화 ｜ (02) 337-0691

팩　스 ｜ (02) 337-0691

ISBN ｜ 979-11-965287-4-4 (13320)

* 파본이나 잘못된 책을 구입하신 곳에서 교환해 드립니다.
* 이 책의 저작권은 가인지북스에 있습니다.
   이 책 내용의 전부 또는 일부를 재사용하려면 반드시 서면 동의를 받아야 합니다.
* 이 도서의 국립중앙도서관 출판예정도서목록(CIP)은
   서지정보유통지원시스템 홈페이지(http://seoji.nl.go.kr)와
   국가자료공동목록시스템(http://www.nl.go.kr/kolisnet)에서 이용하실 수 있습니다.

값 20,000원